住区交通流理论与虚拟仿真实验

汤宇卿　等著

同济大学出版社
TONGJI UNIVERSITY PRESS

内 容 提 要

本书分为两部分，第一部分主要阐述住区和交通流的相关知识以及住区交通流的研究理论等，并结合案例分析；第二部分将居住小区规划设计的成果进行虚拟仿真实验，通过预设模型与调整交通参数信息，模拟小区内机动车、非机动车和行人的出行状况，利用虚拟仿真作为辅助设计的手段加强对居住小区交通组织的认识。

本书主要供城乡规划与设计、建筑设计及其理论、园林与景观设计及交通运输规划与管理等专业的学生和从业人员阅读参考。

图书在版编目(CIP)数据

住区交通流理论与虚拟仿真实验/汤宇卿等著. --上海：同济大学出版社，2020.1

ISBN 978-7-5608-9114-9

Ⅰ.①住…　Ⅱ.①汤…　Ⅲ.①居住区-交通流-仿真-实验　Ⅳ.①U491.1-33

中国版本图书馆 CIP 数据核字(2020)第 021069 号

住区交通流理论与虚拟仿真实验

汤宇卿　**等著**

责任编辑　姚烨铭　　**责任校对**　徐春莲　　**封面设计**　钱如潺

出版发行　同济大学出版社　　www.tongjipress.com.cn

(地址：上海市四平路 1239 号　邮编：200092　电话：021-65985622)

经　　销　全国各地新华书店

排　　版　南京月叶图文制作有限公司

印　　刷　江苏启东市人民印刷有限公司

开　　本　700mm×1000mm　1/16

印　　张　9

字　　数　180 000

版　　次　2020 年 1 月第 1 版　　2020 年 1 月第 1 次印刷

书　　号　ISBN 978-7-5608-9114-9

定　　价　45.00 元

前　言

住区是城市的细胞，住区交通流是城市的微循环，虽是细枝末节，但至关重要。住区人车混杂、停放无序、消防通道被占等带来的安全问题不容忽视，住区内部和出入口甚至出现交通拥堵，如何解决以上问题，防患于未然，虚拟仿真大有作为，可以依托虚拟仿真的结果，优化完善住区交通流组织。另外，为了培养和加强学生对城乡规划课程的兴趣，把专业基础课——城市道路与交通所学尽快运用于课程设计——居住区规划设计中，受"同济大学国家级建筑规划景观虚拟仿真实验教学中心"资助，我们与"深圳市中视典数字科技有限公司"合作，开发了"虚拟住区性能模拟实验软件(交通)"，现在已经从"交通Ⅰ"升级为"交通Ⅱ"。因此，本书在住区交通流理论研究的基础上，重点介绍以上合作开发的虚拟仿真实验。

本书分为住区交通流理论和虚拟仿真实验两大部分，前半部分首先对住区交通流相关概念进行阐述，对住区交通与城市交通的关系和住区交通流的研究意义进行分析，在国内外住区交通发展演进研究的基础上，结合实际案例，就当今住区交通组织模式展开解析。后半部分首先对道路交通仿真进行研究，重点讲解了住区交通虚拟仿真实验，并对住区交通流理论和虚拟仿真进行展望。

本书可供高等院校城乡规划、建筑学及相关专业作课程教学参考，也可供国土空间规划、控制性详细规划和修建性详细规划，尤其是居住区修建性详细规划编制和研究等相关的设计与管理人员参考。

参与本书编写及校核的有：汤宇卿、管含硕、曹凯、王冲、敖翔、崔子嬴、王欣宜、周敏、王梦雯等。感谢"同济大学国家级建筑规划景观虚拟仿真实验教学中心"的孙澄宇和赵铭超老师的指导，感谢"深圳市中视典数字科技有限公司"的领导和专家，感谢同济大学实验教学改革专项基金的资助，感谢同济大学出版社姚烨铭编辑在出版方面的全力支持。本书是共同智慧的结晶，书中引用了相关专家、学者的观点和相关资料，除已注明之外，遗漏之处敬请谅解。对各位的支持和帮助，谨表诚挚的谢意！

本书错误和缺点在所难免，敬请读者批评指正。

著　者

2019 年 10 月

目　　录

第 1 章　住区交通流概述

《雅典宪章》提道："居住、工作、游憩与交通四大活动是研究及分析现代城市设计时最基本的分类。"从中可见，居住和交通两大功能就占了现代城市活动的半壁江山，二者密不可分，合在一起构成了住区交通（也称居住区交通），也就是本书探讨的核心内容。

随着中国城市化进程的加快，城市的面貌日新月异，人民生活水平的提高使得居民汽车拥有率不断提高，交通系统的压力越来越大，城市在不断扩张、蓬勃发展的同时往往伴随着日益增长的交通拥堵的现象。多种交通工具拥挤在路段或者交叉口，地块内部或者出入口。交通拥堵的结果严重影响了城市的综合运行效率。因此，如何科学合理地解决城市交通拥堵问题一直是城市发展中十分棘手的问题之一。

住区交通作为人们日常出行的起点和终点，是城市交通的重要部分。居住区交通问题的解决对城市交通拥堵的疏解有着举足轻重的影响。本书从居住区交通入手，从交通流的角度出发，采用动态的思维模式分析居住区交通和城市交通的关系，旨在通过交通流的模拟分析，探求住区交通拥堵问题解决的方法。

因此，本章从住区交通流相关概念入手，先阐述居住区规划和交通流的相关知识，进而探讨住区交通流的特性和研究意义，以此作为后续章节的引导。

1.1　住区的概念

"住区"也称"居住区"，是城乡居民定居生活的物质空间形态，是关于各种类型、各种规模居住及其环境的总称[1]。从城乡区域范围来看，可划为城市住区、乡村住区和独立工矿企业和科研基地的住区。城市住区是指在城市、镇建设用地范围内居住空间形态的统称。按照我国《城市居住区规划设计标准》（GB 50180—2018）的划分，居住区按照居民在合理的步行距离内满足基本生活需求的原则，可分为十五分钟生活圈居住区、十分钟生活圈居住区、五分钟生活圈居住区及居住街坊四级（表1-1）。城市住区一般也与"城市住宅区"通用。

(1) 十五分钟生活圈居住区（15-min pedestrian-scale neighborhood）

以居民步行十五分钟可满足其物质与生活文化需求为原则划分的居住区范

围；一般由城市干路或用地边界线所围合，居住人口规模为 50 000～100 000 人（17 000～32 000 套住宅），配套设施完善的地区。

（2）十分钟生活圈居住区（10-min pedestrian-scale neighborhood）

以居民步行十分钟可满足其物质与生活文化需求为原则划分的居住区范围；一般由城市干路、支路或用地边界线所围合，居住人口规模为 15 000～25 000 人（5 000～8 000 套住宅），配套设施完善的地区。

（3）五分钟生活圈居住区（5-min pedestrian-scale neighborhood）

以居民步行五分钟可满足其生活需求为原则划分的居住区范围；一般由支路及以上级城市道路或用地边界线所围合，居住人口规模为 5 000～12 000 人（1 500～4 000 套住宅），配建社区服务设施的地区。

（4）居住街坊（neighborhood block）

由支路等城市道路或用地边界线围合的住宅用地，是住宅建筑组合形成的居住基本单元；居住人口规模为 1 000～3 000 人（30～100 套住宅，用地面积 2～4 hm^2），并配建有便民服务设施（表 1-1）。

表 1-1　居住区分级控制规模

距离与规模	十五分钟生活圈居住区	十分钟生活圈居住区	五分钟生活圈居住区	居住街坊
步行距离（m）	800～1 000	500	300	—
居住人口（人）	50 000～10 000	15 000～25 000	5 000～12 000	1 000～3 000
住宅数量（套）	17 000～32 000	5 000～8 000	1 500～4 000	300～1 000

资料来源：《城市居住区规划设计标准》（GB 50180—2018）

1.2　交通流的概念

凡在道路上通行的车辆和行人都有像气体和液体那样流动的特点，具有流量、速度和密度等性质，因此，将在道路上通行的车流和人流统称为交通流[2]。交通流必须具备两个条件：一是在道路上，二是在通行中。

按交通主体的不同可分为车流、人流以及混合交通流，住区交通流是典型的混合交通流，不同于城市交通流所需遵循的人车分流、快慢分流、各行其道的原则。

按交通流输送的对象可分为客流和货流，住区交通流以客流为主导，货流穿插其间，所占比例较低，尤其在早晚高峰期间比例更低。因此，在研究住区交通流高峰时段的交通特征时，货流可以忽略不计。

交通流状况主要是车辆与车辆之间以及车辆与道路空间、道路环境之间相互影响的结果。按交通设施对交通流的影响分为连续流和间断流。连续流和间断流主要是以交通设施类型对交通流性质的影响区分。连续流不会受到交通信号的影响，导致部分时段交通流中断，住区内部一般不设信号灯，因此，住区交通流更多具有连续流的特点。间断流受交通流周期性间断的因素影响，引起交通间断的因素包括交通信号、通车标志、人工管制和其他类型的管制设备。不论交通量大小如何，这些设备和管制措施都会引起交通周期性停止或车速显著减慢，由于城市主要道路交叉口往往需要进行管制，因此，间断流是城市交通流的主要特点。

按交通流的交汇流向可分为交叉、合流、分流和交织流。交叉是方向不同的交通流互相穿过；合流是指两条分离车道的交通流合并到一条车道；分流则为一条车道交通流分到两个分离车道上；交织流是指行驶方向相同的两股或多股交通流，沿着相当长的路段，通过驾驶改换车道使交通流彼此穿插对方路径进行的交叉运行。不管是住区交通流还是城市交通流，这些状况都普遍存在。

交通流交汇是指行驶在不同车道上的两股或多股交通流交汇运动的状态，其中分为：

（1）借助交通信号或其他管制设施进行的交叉，这是城市交通流的主要特征。

（2）不借助交通信号或其他管制设施进行的合流、分流和交织，这就是住区交通流不同于城市交通流的特点。

按交通流内部的运行条件及其对驾驶员和乘客产生的感受可分为自由流、稳定流、不稳定流和强制流。一般情况下，住区内部的交通流应该是自由流或稳定流，但是，通过调研发现，目前不少住区在高峰时段甚至出现不稳定流和强制流，导致车速降低、时间延误。在整个出行时间中，住区内部所耗费的时间与日俱增，如何解决这一问题，正是本书研究的重点之一。

1.3　住区交通流的概念

本书涉及的“住区交通流”特指发生在住区这一空间地域内的交通流，包括居民出行交通流、货物运输交通流以及临时外来车辆带来的交通流。如前所述，高峰时段货物运输交通流以及临时外来车辆带来的交通流所占比例较低，可以忽略不计，因此，本书重点研究居民出行交通流。住区交通流影响着居民生活的便利性、出行的可达性和环境的舒适性。

住区交通流虽然是城市交通流的末梢，但是由于其时空分布的特殊性，住区交通流具有一些鲜明的特点。

（1）住区交通流的混合性

在住区内部，居民的交通出行方式是多样的。除了小汽车出行外，还有助动车、自行车出行和步行。同时，步行者的步行状态也不尽相同，有的在享受悠闲时光，闲庭信步；有的急着赶路，步履匆匆；还有的会结伴而行，走走停停。而且各种交通方式混合在同一个道路断面中，这与住区外围的城市道路采取的人车分流形式有着本质区别。

与此同时，住区内部的动静交通混合程度也较高。由于多数新建住区的车位数量有限且价格高昂，很多业主依旧采取沿路停车的方式(图 1-1)。这样一来，行进的车辆要时刻注意周围车辆的动向，而且为了寻找车位，不可避免地使得住户增加了在住区内部绕行的时间，也增加了住区内部的无效的交通量。

图 1-1　住区沿路停车隐患重重(自摄)

住区沿路停车需求旺盛，又导致物业牺牲绿化，硬化地面，设停车带，美其名曰绿改停，从而使住区环境日益恶化(图 1-2)。

(2) 住区交通流的可达性

当我们在城市道路上通行时，关注的往往包括“通”和“达”两个方面，会时刻注意道路的实时交通，是不是会经过交通拥堵的路段或者路线是否正确，随着城市道路从快速路到主干路、到次干路、到支路，“通”的功能在逐步降低，“达”的功能在逐步提升。而住区交通流涉及的道路往往是区内道路，比城市支路等级还低，更关注的是“达”。住区交通流的目的性很强，如何从住区出入口方便地到达车库或每幢住宅的出入口是研究的关键，因此可达性是住区交通流关注的重点。在住区交通组织规划的时候力求清晰明确，流线短捷，指向性强。

图1-2　住区硬化地面设停车带侵占绿化(自摄)

(3) 住区交通流的便捷性

住区交通的目的是为了使居民的生活更加便捷、更加高效。住区交通除了要满足居民出行和货物进出便捷性的需要,还要全面考虑多元功能的便捷性。比如:如何满足住区消防的要求,确保紧急救援的便捷性;如何满足震灾救援的要求,确保人流疏解的便捷性。因此,在组织住区交通流时,要充分考虑住区内部不同主体可能产生的功能方面便捷性的需求。

(4) 住区交通流的服务性

不同于城市交通流关注效率,住区交通流更关注其服务性,居民在住区内的出行会更加在意进出住区是否方便、通行是否方便、停车是否方便、停车后步行回家是否方便、外来车辆缴费是否方便,物流车辆和临时车辆等进出是否方便,而且希望住区不同区域具有服务的均好性。

(5) 住区交通流的安全性

住区交通的混合程度较高,因此安全性也是住区交通关注的重点。住区内的机动车辆较多,而由于用地的局限性,大部分住区无法构建完善的人车分流系统,因此在进行交通组织的时候,应该注意利用有限的用地和空间对人车交通进行合理的引导。避免住区的其他活动,如休闲或健身等受到交通的影响,同时,住区内还需要关注安全空间的塑造。比如车辆让行的空间,行人避让的空间,以及突发事件时的安全空间,如必要的消防登高场地和通道等。

(6) 住区交通流的安宁性

住区是私密的场所,需要避免噪声的干扰,远离喧嚣的城市道路,因此住区交通流也要减少对住区交通安宁的影响。国内一般通过增加绿化、限制鸣笛、控制车速等方式来减少住区交通对住户带来的噪声干扰，国外兴起交通安宁化(traffic calming)，采取多种措施和方法减少机动交通对城市环境，尤其是住区环境的负面影响。

1.4 住区交通与城市交通

1.4.1 住区交通和城市交通的关系

城市综合交通(简称“城市交通”)，应包括出行的两端都在城区内的城市内部交通，和出行至少有一端在城区外的城市对外交通(包括两端均在城区外，但通过城区组织的城市过境交通)。依据《城市综合交通体系规划标准》(GB 51328—2018)，城市道路分为快速路、主干路、次干路和支路四类，因此城市交通仅仅针对这些道路上的交通。本书中所述的城市交通，即通常含义的“城市交通”，或狭义“城市交通”，即出行的两端都在城区内的城市内部交通，不包括住区内部的交通，住区交通与城市交通是一个承继关系。

1.4.2 住区交通流在城市交通流体系中的重要地位

依据《城市用地分类和规划建设用地标准》(GB 50137—2011)，由于居住用地占城市用地的比例达到 25％～40％，因此住区交通流在整个城市交通流体系中占比最高。虽然分散来看，单个住区内部的交通量并不多，但是从城市所有住区来看，住区交通流总量还是非常可观的，若处理不好，给居民生活带来的负面影响和出行时间的浪费不可小觑。

1.4.3 住区交通与城市交通紧密相关

住区是构成城市的细胞和单元体，住区交通流是广义城市交通流体系的末端，与城市交通流联系密切，是城市交通流的重要来源。城市交通流需要对起讫点进行研究，分析包括住区在内的地块的吸发量，这就包括住区交通流的研究。反过来，城市交通流也影响住区交通流，如城市公共交通的发展促进更多居民放弃私人小汽车转而采用公共交通的出行方式，从而导致住区交通流结构发生变化，使得机动交通流降低和步行交通流增加，进而缓解了住区交通的矛盾。

1.5 住区交通流的研究意义

目前住区交通存在一些乱象：住区内部的交通事故、住区内部的交通干扰、住区环境的交通污染、住区出入口的问题、对城市路网分隔的问题、小区制和街区制的问题……这些问题都会影响住区的品质与居民的生活。

住区交通与城市交通联系紧密，因此住区交通处理不当同样会给城市交通带来负面影响。如，目前不少城市倾向于建设大型小区，这也是不少大型开发商所热衷的，包括原来的国标《城市居住区规划设计规范》[GB 50180—93(2016 年版)]，城市住区按居住户数或人口规模可分为城市居住区、居住小区和居住组团 3 个基本层次(表 1-2)。

(1) 居住区

一般称城市居住区，泛指不同居住人口规模的居住生活聚居地和特指城市干道或自然分界线所围合，并与居住人口规模(30 000～50 000 人)相对应，配建有一整套较完善的、能满足该区居民物质与文化生活所需的公共服务设施的居住生活聚居地。

(2) 居住小区

一般称小区，是指被城市道路或自然分界线所围合，并与居住人口规模(10 000～15 000 人)相对应，配建有一套能满足该区居民基本的物质与文化生活所需的公共服务设施的居住生活聚居地。

(3) 居住组团

一般称组团，指一般被小区道路分隔，并与居住人口规模(1 000～3 000 人)相对应，配建有居民所需的基层公共服务设施的居住生活聚居地。

表 1-2 居住区分级控制规模

	居住区	居住小区	居住组团
户数(户)	10 000～16 000	3 000～5 000	300～1 000
人口(人)	30 000～50 000	10 000～15 000	1 000～3 000

资料来源：《城市居住区规划设计规范》[GB 50180—93(2016 年版)]

虽然居住区的规划布局形式可采用居住区-小区-组团、居住区-组团、小区-组团及独立式组团等多种类型，但是由于组团规模小，大盘日益增多，往往小区成为城市物业服务的基本单元。如前所述，小区的规模建议为 3 000～5 000 户。按照目前我国的居住情况，暂且按照户均 100 m^2 计算，则小区总建筑量为 30 万～50 万 m^2，设容积率为 2，则其用地规模为 15～25 hm^2，这样小区周边的道路间距就是 400～500 m，也就是城市次干路的间距，城市支路就此缺失。

支路的缺失使得住区内的交通一出小区就上城市干路，要么是主干路、要么是次干路，所有的交通都集中于此，城市干路必须修得很宽，以承托集中的交通量。即使通过拓宽道路路段的问题能够解决，到了城市交叉口，两条交通流量非常大的干路交汇，交叉口流量往往超过设立交的底线。这样，交叉口就必须要通过设立交来组织交通流，从而形成大小区、宽马路、大立交的怪圈，城市建设投资高位运行，效果却不尽如人意。

为此，2016 年 2 月 6 日《中共中央、国务院关于进一步加强城市规划建设管理工作的若干意见》提出："优化街区路网结构。加强街区的规划和建设，分梯级明确新建街区面积，推动发展开放便捷、尺度适宜、配套完善、邻里和谐的生活街区。新建住宅要推广街区制，原则上不再建设封闭住宅小区。已建成的住宅小区和单位大院要逐步打开，实现内部道路公共化，解决交通路网布局问题，促进土地节约利用。树立'窄马路、密路网'的城市道路布局理念，建设快速路、主次干路和支路级配合理的道路网系统。打通各类'断头路'，形成完整路网，提高道路通达性。科学、规范设置道路交通安全设施和交通管理设施，提高道路安全性。到 2020 年，城市建成区平均路网密度提高到 8 km/km^2，道路面积率达到 15%。积极采用单行道路方式组织交通。加强自行车道和步行道系统建设，倡导绿色出行。合理配置停车设施，鼓励社会参与，放宽市场准入，逐步缓解停车难问题。"而 8 km/km^2 意味着路网间距缩小到 250 m，即 200～300 m。新近颁布的国标《城市综合交通体系规划标准》(GB 51328—2018)的 12.1.4 条中也提出，"中心城区内道路系统的密度不宜小于 8 km/km^2"。

这样，随着《中共中央、国务院关于进一步加强城市规划建设管理工作的若干意见》的出台，《城市居住区规划设计规范》废止，为《城市居住区规划设计标准》所取代，在《城市居住区规划设计标准》中，通篇未出现"小区"两字，"小区制"为"街区制"所取代。

通过推行"街区制"，将有丰富的支路网，街坊出来的交通可以上支路、次干路、主干路，支路将承担一半左右的交通，干路的交通量将随之减少一半左右，干路就不需要修得很宽。干路和干路形成的交叉口的流量将有效下降，一个交叉口的流量将由 4 个甚至更多的交叉口所分担，每个交叉口流量将远远低于设立交的标准。这样，城市中不少交叉口就没必要修建立交，交通建设的投资将大大降低，而交通流的分散将有效缓解交通拥堵，提升交通的综合效益。

从中可见，住区交通的小问题，会导致整个城市的交通的大问题，所谓"牵一发而动全身"。缺乏支路网的城市交通系统犹如生命体只有动脉和静脉，毛细血管基本缺失，这样的生命体肯定是不健康的，也是城市交通病的渊源，打通微循环是其治疗手段之一。住区交通流已经为国家所关注，其研究和解决具有深远的意义。

综上所述，住区交通流研究的意义在于从源头为城市交通流减负，实现城市交通与住区交通的协同发展；其次，通过住区交通流的研究，优化住区交通系统的规划布局；再次，通过住区交通系统的优化，服务于住区各项交通功能的满足和提升。

1.6　本书特色

本书分为两部分，第一部分主要阐述国内外住区交通发展以及住区交通流研究的演进等，并结合具体案例进行分析，见第 2、第 3 章；第二部分结合笔者主持的城市交通流虚拟仿真的实验项目，将住区规划设计的成果进行交通流虚拟仿真实验，通过预设模型与调整交通参数信息，模拟住区内机动车、非机动车和行人的出行状况，加深对住区交通组织的认识并作为住区交通辅助设计的手段，见第 4、第 5 章，最后进行总结和展望。

本书最大的亮点是将虚拟仿真实验与住区交通流理论有机结合，以实验报告的形式加深对住区交通流的理解。可以针对自己的方案，通过在线实验的方式，在住区交通系统方面进行模拟，评价和感受自己的方案，并加以优化，从而服务于规划设计人员在住区交通方面的独立思考和研究能力的提升。更重要的是，通过实际模拟，加深对理论与实践的理解与兴趣。作为辅助设计手段可加强对住区交通组织的认识。该模块还可以进一步拓展，服务于专业应用与课题研究等领域。

1.7　本章小结

住区交通流是城市交通流的继续和延伸，如将城市比作一个生命体，那么住区交通流就如同毛细血管一般遍布全城，对居民交通出行和住区环境都有重大的影响。由于其具有的不同于城市交通的特性：混合性、到达性、便捷性、服务性、安全性、安宁性等，从而决定了住区交通流研究的复杂性，不仅仅需要关注交通自身，更重要的是关注其对住区各类活动和功能的满足，从后续章节国内外住区交通发展的演进的研究中也可以看到这点，多种因素的共同作用是不同时代住区交通模式构建的基础，以此把握住区交通发展的规律。当然，虚拟现实也是当今时代研究住区交通流的非常好的手段，便于把各种因素直观和形象地显现出来，通过模拟更有利于研究者和设计方据此作出合理的判断和决策，从而调整、完善和优化住区规划设计方案，进一步提升当今时代住区交通组织的合理性和科学性。

参考文献

[1] 吴志强，李德华. 城市规划原理[M]. 4 版. 北京：中国建筑工业出版社，2010：485.
[2] 徐循初，汤宇卿. 城市道路与交通规划(上册)[M]. 北京：中国建筑工业出版社，2005.

第 2 章　国内外住区交通发展的演进

2.1　国内古代和近代住区交通组织的变迁

住区内的道路是居民重要的活动空间，道路是伴随交通产生的，《尔雅》有言："道者蹈也，路者露也。"意思是说，道路是人们踩光了地上的野草，露出了土面而形成的，路是人走出来的。人们最早的活动便是聚居和生产，因此住区的交通组织客观上体现了对居民这些活动的满足。当然这些交通组织是自发的、朴素的，但是对于其研究可以得出相应的规律。在我国，住区交通组织经历了聚落制、闾里制、里坊制、街巷制、小区制及街区制等多种方式。

2.1.1　聚落制

《周易·易辞》云："上古穴居而野处，后世圣人之宫室，上栋下宇，以待风雨。"洞穴是大自然为早期人类提供的最原始的住所，例如我国北方出现的周口店、山顶洞等原始人类的洞穴遗址。而同时期的南方民族出现"构木为巢"的居住模式，如浙江余姚的河姆渡文化遗址就是由"巢居"发展而来的。在这一时期的人类居住场所，即聚落的形态，只是出于本能去寻找庇护场所，来满足自己御寒、避敌、群居等生存的需要。

半坡遗址（图 2-1）中已显示出当时部落居民功能分区的思想，聚落中心是供

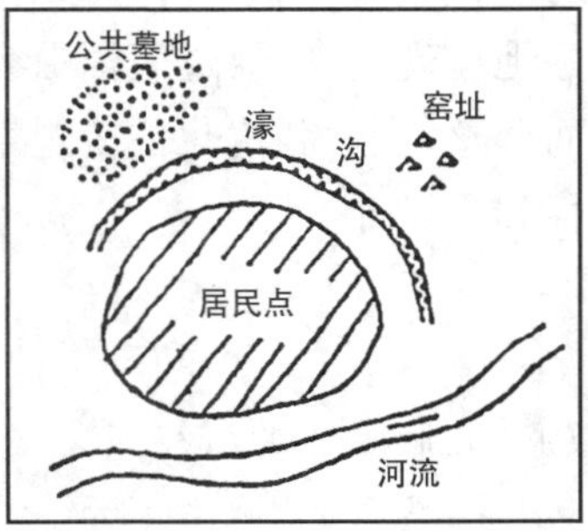

图 2-1　半坡村原始村落示意图（左）和遗址复原示意图（右）

（图片来源：董鉴泓，《中国城市建设史》，http://blog.sina.com.cn/s/blog_ed7928950102uwjy.html）

氏族成员集合的大房子，周围分布供成员居住的小屋，门都朝向聚落中心。可以推测，必然有小屋向聚落中心的通道，构成了住区内交通组织的向心结构。周边的濠沟使居民点部分形成独立的区域，起到一定的隔离作用，以此阻隔外来的交通，起到相应的防卫作用。当然也有通道延伸到外部，服务于狩猎或农事活动。

陕西临潼姜寨遗址经过多次考古挖掘，则显示出更为完整的原始聚落的面貌(图 2-2)。研究认为，姜寨遗址的总体布局是经过统一规划建设的，功能分区明确，主要分为居住区、墓葬区和陶窖区。在遗迹中存在着“路土带”：用黄土夹杂大量料姜石铺垫而成的道路，这些道路路面平整坚硬，宽度都在 0.7～0.8 m 之间，厚度都约为 0.1 m。部分“路土带”分布在居住区周围，主要的“路土带”连接着中央空地和周边的居住建筑。有学者认为主要“路土带”是为了解决人们在住所与中央空地之间的往来通行，黄土夹杂料姜石铺垫的道路在雨季也不会太泥泞，而且能非常清晰地展现在视野中。无论白天还是黑夜，无论什么样的天气，人们走在上面都能感受到道路的存在，都能通过脚的触感自由往返。[1]

图 2-2　临潼姜寨遗址复原图

(图片来源：http://www.zjwh.net/bbs/read.php? tid=67419)

2.1.2　闾里制

住区之后在中国古代的城市中被称为“闾里”，《周礼・地官・闾胥》中记载：“闾胥，各掌其闾之征令。郑司农云：二十五家为闾。”《周礼・地官司徒》中记载：“里宰，掌比其邑之众寡，与其六畜兵器，治其政令。疏：邑，犹里也。”

居住区分为“国宅”与“闾里”两部分。郑玄注：“国宅，凡官所有宫室，吏所治者也。”国宅一般都环绕在王城左右或前后。“闾里”则是一般平民居住的地方。同时，城邑中的居住者多按职业特点来聚居，“仕者近公，不仕与耕者近门，工商近市”（《管子·大匡篇》）。

“闾里”（图 2-3）四周筑有里垣，使居住环境相对封闭。闾内以“社”为中心，呈现以“巷”为十字轴线的布局，通过 4 个垣门与城市次干路相联系。闾里内有两级道路，“巷”（2～3 轨）可通行马车，据《周礼·量人》记载“巷中路大约二至三轨”，其中一轨为一辆马车通行的宽度，约 2 m，即“闾里”之中的“街巷”宽度为 4～6 m，“支巷”（1～2 轨）为步行道，宽度为 2～4 m。巷和支巷成为闾里内用地的骨架，闾里内的基本组织单元“闾”围绕一条支巷布置。据《周礼·考工记》中记载：“匠人营国，方九里，旁三门。国中九经九纬，经涂九轨（约 18 m）。……环涂七轨（约 14 m），野涂五轨（约10 m）。环涂以为诸侯经涂，野涂以为都经涂。”从中可见城市道路和住区内部道路的级配关系。

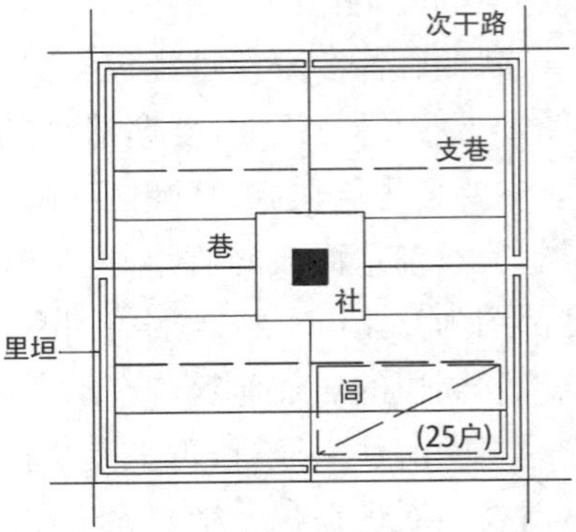

图 2-3　闾里道路布置

（资料来源：文国玮. 城市交通与道路系统规划[M]. 北京：清华大学出版社，2001.）

2.1.3　里坊制

在西周时期闾里制度的基础上，住区的形制逐渐演变为里坊制，三国时的曹魏都城——邺城开创了一种布局严整、功能分区明确的里坊制城市格局：平面呈长方形，宫殿位于城北居中，全城作棋盘式分割，居民与市场纳入这些棋盘格中组成“里”。相比于闾里制，里坊制管理更加严格并且等级森严，阶层严格分开。宫殿和衙署占有全城最有利的地位，并用城墙保护起来。到唐代后期，在如扬州等商业城市中传统的里坊制遭到破坏。坊市结合，不再设坊墙，由封闭式向开放式演变，此外夜市也逐渐兴盛。

宋代，封闭的“坊”“市”解体，开放型空间结构开始形成。宋代的城市中的坊已经无坊墙及坊门，通常是指一定的居住地段或居民管理的单位，宋开封有 80 余坊，分属八个厢管理。宋时商业活动不再在特定的地点集中设市，而是可以根据自己的营业需要来选择适当的地点，从而形成许多繁华热闹的商业街。同时营业也不再受时间的限制，出现了商业可以随街布置，店主可以昼夜营业的局面。商业店铺集中在“街”，确立了行业街市制度；宅邸与市肆店铺混杂，均可沿街布置；“巷”的主要功能是联结各住宅院落的入口，坊巷内道路与城市干道自由相连，坊巷间也可自由来往（图 2-4）。

图 2-4　《清明上河图》显示的北宋东京的街巷制

2.1.4　坊巷制

元明清时期，在此基础上进一步发展，以元大都为例，其城市总体布局严格按照营国制度。每座城门都有通向城内的笔直的街道，街道整齐划分，形成“坊”，内设小巷。大都全城划为五十坊。坊均不建坊墙，而以干道为坊界。道上立坊门，悬挂坊额，以示一坊所辖之地段。这种坊门实即“坊表”，并不封闭，与旧制坊门判然有别。沿南北向干道，开辟若干东西向的平行巷道作为住区的坊巷，或者称为胡同，直街与坊巷有机配置。住宅沿坊巷取南北向布置，而作为坊界的街道两侧，则设置各行业的店铺，以供街内坊巷住户日常生活之需，巷道内不再设商店，以保持宁静，且有利安全。这样的改进既吸取了里坊制街区安宁的优点，又具有街巷制服务便利的优势(图 2-5)。

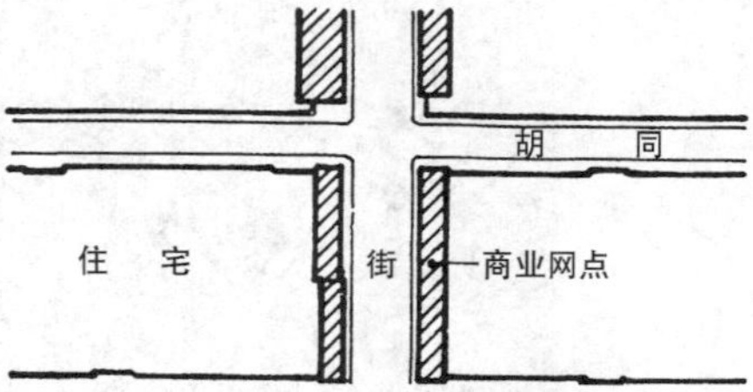

图 2-5　元大都坊巷布置示意图

(资料来源：魏群. 中国传统居住社区的空间形态及其流变[D]. 厦门：华侨大学，2007.)

明清时代北京的住宅以宁静、封闭的四合院形式为基本居住单位，用大多为东西向(少量为南北向的“胡同”与大街相连，胡同间距 50～80 m，相当于一个或两个四合院的尺度。这种布局形式使房屋得到良好的朝向、日照和通风，又能保证胡同生活的相对私密与独立，不受交通性干道交通流的影响(图 2-6)。像这样生活性和交通性道路分开布置，使得居民的交通和生活能够良好结合。以胡同为主的道路组织形式其道路密度相对比较高，胡同的道路横断面宽度也较小，以步行为主（图 2-7）。

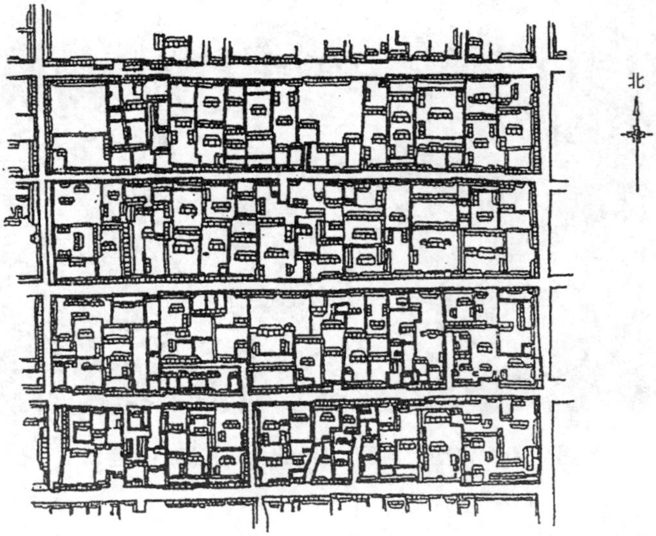

图 2-6　清朝北京城典型街坊及四合院排列局部之一（据《乾隆京师全图》摹绘）

（资料来源：刘敦桢. 中国古代建筑史[M]. 北京：中国建筑工业出版社，1984.）

图 2-7　北京胡同实景

（资料来源：http://www.enterdesk.com/photos/2008-3-1-imgdate-14362.）

与北京的胡同对应，上海的“弄堂”也有异曲同工之妙。老式石库门弄堂出现于 1870 年前后，其群体布局紧凑，相互毗邻，成片纵向或横向排列，又模仿了英国当时的建筑排列形式，体现出中西合璧的特色。代表建筑如山阴路 69 弄的老恒丰里。但弄堂的宽度往往在 4 m 以下，有一定的消防隐患。

新式石库门弄堂也被称作改良石库门建筑，它在保持原有弄堂形式的同时，逐渐接受采用西方住区规划布局、房屋结构、装修设备和建筑材料。建造地点大多在公共租界及法租界的中心地区。新式石库门弄堂住宅的布置更为注重通风和采光的问题，一般做到尽量朝南，因此总平面布置大都呈横向联立式。与此同时，总弄与支弄之间的区分更加明显。总弄平均宽 5 m，支弄平均宽 3 m，不同里弄的弄堂宽度相差很大。

出现在第一次世界大战之后的新式里弄民居主要分布在静安、虹口和卢湾三个区，居住环境质量与建筑质量较高。新式里弄住宅的平面布局同样以行列式为主，考虑到汽车通行和回车的要求，里弄的宽度较大。新式里弄弄堂的 D/H 比(弄堂宽度与建筑物高度之比)为 1∶1，同时设有绿化带及小汽车回车道。围墙高度下降到 2.5 m 左右，取消了石库门，改用铸铁大门。有的取消了天井，进一步扩大了弄堂的宽度。代表住区筑有淮海中路 927 弄的霞飞坊和南京西路 125 弄的静安别墅(图 2-8)。

图 2-8 霞飞坊鸟瞰(左)和静安别墅主弄鸟瞰(右)

(资料来源：中华人民共和国住房和城乡建设部. 中国传统民居类型全集[M]. 北京：中国建筑工业出版社，2014.)

2.1.5 小结

我国古代住区形制的变迁与住区交通的发展，往往受到国家政策、管理方式、安全保障、经济活动和服务便利等因素的影响。纵观发展历程，可以看到，从聚落制—闾里制—里坊制，我国的住区型制和交通组织逐步走向封闭，然后转向开放，街巷制达到了开放的顶峰；在此之后，又转向兼具里坊制和街巷制优点的坊巷制。

早期部落的原始制住区形制首先满足了人对居住、安全以及交通的需要；秦汉时期出现了闾里制，住区内部的交通也更加便捷通达；到了隋唐时期，统治者为了加强对百姓的管理，在坊内设置坊门和坊墙，并实行宵禁制度，这种里坊制的居住形式保证了住区交通的安宁性与安全性，但是单一的居住功能使人们的日常生活缺乏便利；宋朝时期，经济和人口得到了空前的发展，由于经济活跃，坊门和坊墙被打破，店铺开进了坊里，里坊制演变成了街巷制，居住单元内部的交通混合程度增大，服务也更全面；元朝以后，中央集权专制统治进一步加强，住区单元的内部不被允许开设商店，而坊界街道两侧则广为设置各行业的基层店铺，以供街内坊巷住户日常生活之需，巷道内不再设商店，以保持宁静，且有利安全；近代以后，受到西方建筑思想和建筑技术的影响，出现了住宅与里弄、胡同等街巷形式结合的居住方式，使整个街巷空间自由而实用，增强了传统社区的亲和力。

2.2 国外古代和近代住区交通组织方式的变迁

国外住区从初级的聚落，也与我国一样，历经不同阶段的文明与技术革命的冲击，逐步形成多样化的住区用地布局和交通组织方式。

2.2.1 古代文明时期国外城市住区交通发展

早期人类出于生存的需求，往往在水源充足、土地肥沃的地区形成初级的定居点。随着文化和技术的不断发展和进步，人类有了充裕的时间和条件来改善自身的生存环境，初级的定居点逐步进化到城市的雏形：由居住性建筑、公共的祭祀建筑、城墙围护的街道、宫殿及手工业生产的场所等构成[2]。早期的居民点大都处在流域沿岸的农业区中，如古代两河流域、埃及地区和地中海地区等。

1）古代两河流域城市住区

古代两河流域的城市特点之一，就是数量多而且规模大，并且其中包含很多人口数万的大城市，如乌尔、尼尼微、巴比伦等[3]。

以乌尔(Ur)为例(图 2-9)，城内住宅基本上使用了相同的模式，规模各异，布局自然生长，街道狭窄、走向不规则。住宅紧邻城市街道，临街住宅多改为商业单位，形成“前店后坊”形制[4]，街道空间和住宅空间成为居民日常生活的主要场所。

2）古埃及城市住区

不同于两河流域城市，古埃及城市一般没有城墙维护，而且大都选在靠近尼罗河的高地建造[5]。

以卡洪城（Kahun）为例（图 2-10），其城内住宅集群的布局具有一定代表性[6]。卡洪城布局为一堵墙分为东西两部分：城西为奴隶居住区，住宅简陋，排列整齐，道路垂直相交，仅有一条 8～9 m 宽的南北向道路通向南城门；城东为贵族住

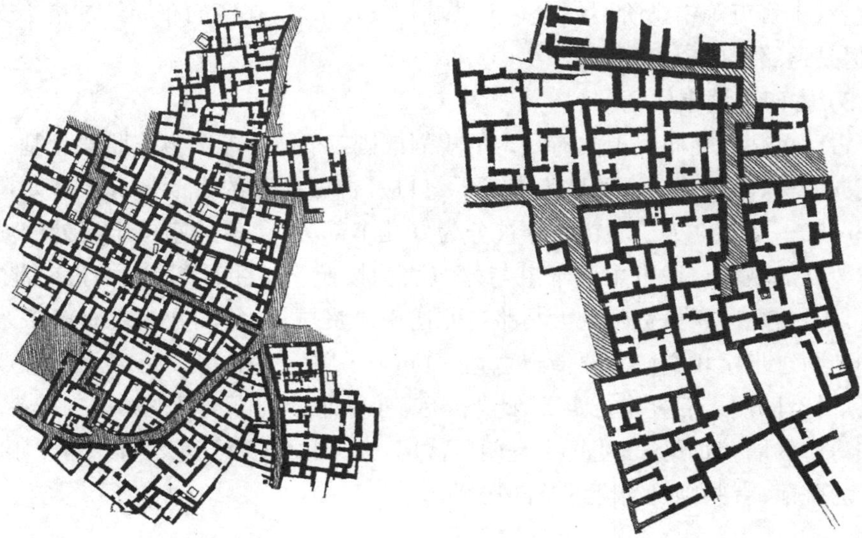

图 2-9　乌尔城街区平面图

（资料来源：卓旻主编. 西方城市发展史[M]. 北京：中国建筑工业出版社，2014）

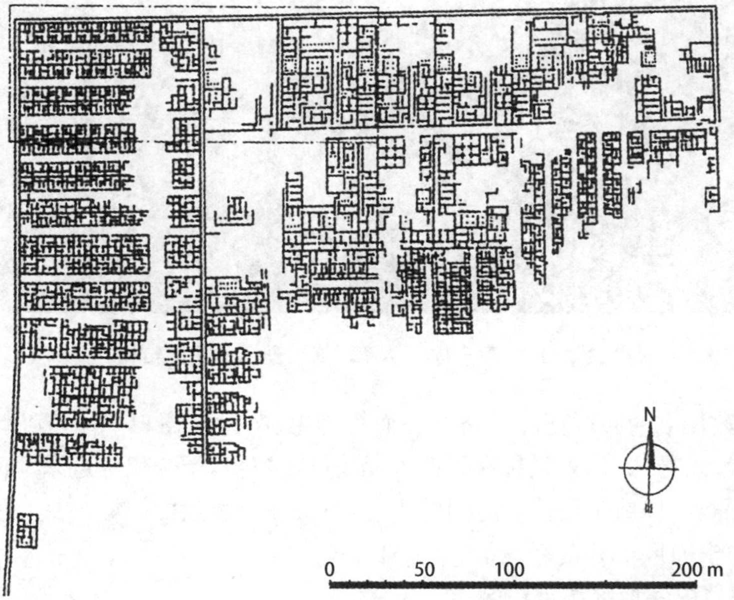

图 2-10　卡洪城平面图

（资料来源：张冠增主编. 西方城市建设史纲[M]. 北京：中国建筑工业出版社，2011）

宅区，东西长 280 m 的大路将城东分为南北两部分，路北为贵族区，路南为商人、手工业者、小官吏等中产阶层住宅。卡洪城相较乌尔城，住宅的布局经过精心安排设计，但是道路设施依旧简陋。

3）古印度城市住区

古印度住区在布局上具有一定的规划准则：布局要求严格按照罗盘基本方位定朝向。[7]以摩亨佐·达罗城为例(图 2-11)，古城周长约有 5 km，推算人口至少在 30 000～35 000 人。城市整个被分为好几个部分，包括一座位于高处的城堡和地势较低的城区。城市主要干道与建筑物均按照当地主要风向，取正南北方向，“城市规划整齐，一条宽阔的大马路自北向南纵贯城市，每隔几米就有一条东西向的小街与之十字相交。主要街道宽达 10 m……路上每隔一段距离就会有点灯用的路灯杆，以便人们夜晚行走”。此外，还有小巷组成的不规则的路网与小街相连，住宅房屋的墙壁很厚，表明至少是两层楼房，大多数为多间建筑，有些房子很大，包括几套院落；有些则是简陋的单间房屋。

图 2-11　摩亨佐·达罗城遗址显示的住区结构

大多数住宅的底楼正对马路的一面均为毛坯，没有窗户——这种旨在防止恶劣天气、噪声、异味、邻人骚扰和强盗入侵的城市习俗，至今仍为近东地区的许多地方遵行。通常，房屋正门位于后面的小巷，对着一个宽敞的门厅，向前是一个院落，房屋的采光、通风十分良好。

4）古地中海地区城市住区

希腊本土城邦的发展是被一种由内向外的自发的社会合力所驱动，城市以一种自然而有机的方式生长变化着。[8]以雅典城为例，城内住宅分布在卫城下方，分布不规则。不同于希腊本土城市，希腊殖民地城市出现了以希波丹姆斯设计风格的棋盘式的方整布局，这也是以人为主导方式发展的理性选择[9]。以米利都为例（图 2-12），城市内街道呈直线并且十字相交，一般的住宅区沿街道两侧分布，这种布局结构形成了西方城市街区型住区的早期雏形。[10]

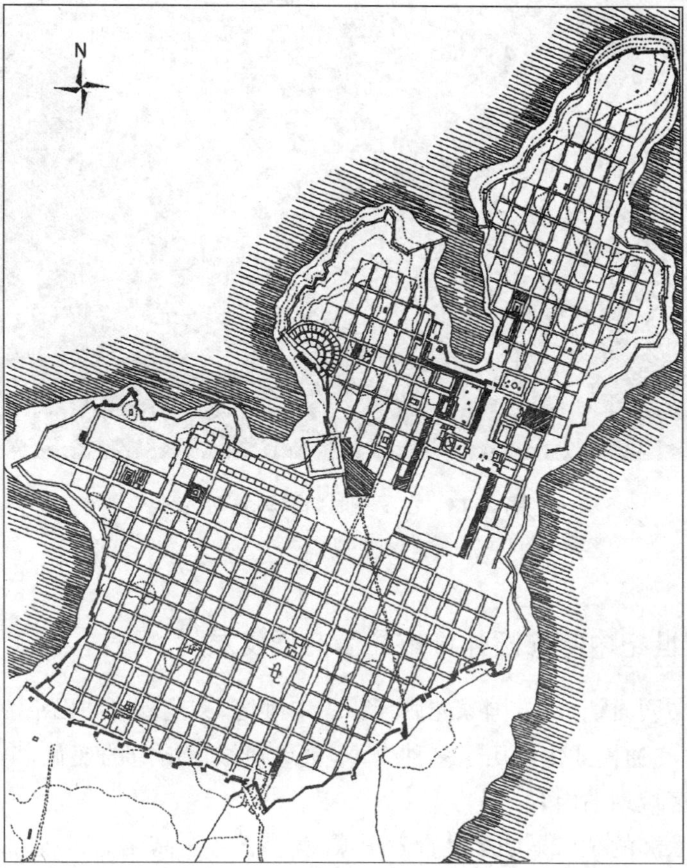

图 2-12　米利都城市平面图

（资料来源：卓旻主编. 西方城市发展史[M]. 北京：中国建筑工业出版社，2014）

古罗马时期的城市建设受希波丹姆斯布局的影响，道路大都十字相交，如庞贝城内道路采用棋盘式布局，主要道路呈“井”状布局，划分不同街区。与庞贝城不同，罗马城选址于山丘间，道路也大都十字相交但难以形成网格状的布局。

在住区布局上，罗马城呈现了两个特点：富人主要居住在城市地势较高的区域，而穷人主要居住在地势低洼的区域。形成高密度的公寓楼，高密度首先表现在它很少单独存在，往往形成一个拥挤的公寓楼区域（图 2-13）。

图 2-13　古罗马时期罗马城平面图

（资料来源：http://m.ngchina.com.cn/culture/4947.html）

2.2.2　18 世纪中叶前国外城市住区交通发展

跨过古文明时期，西方国家先后经历了中世纪、文艺复兴和巴洛克时期等不同时间段，住区交通模式也经历了多种变革，重点在城市街道的变化，也进一步丰富了街区型住区规划的内容。

中世纪欧洲的城市早期多是自发形成，教会权势至高无上，教堂常占据城市的中心位置。中世纪城市划分为若干教区，一般市民的住所往往与家庭和手工作坊集合，住宅底层通常作为店铺和作坊，房屋上层逐层挑出，并以形态多变的山墙面向街道。[11]

到了文艺复兴和巴洛克时期，中世纪时期教会对城市生活的束缚被突破，教堂建筑不再居于至高无上的地位，大型的世俗性建筑构成了城市的主要景象。比如16 世纪后半叶的佛罗伦萨，在乌非齐大街两侧设有严格对称的有骑楼的联排式多层房屋。

作为这一时期的城市，其住区也转化为适度的围合，但是不封闭，在一定程度上保障内部的安宁，商业服务设施沿街设置。其中最为典型的为伦敦和巴黎等城市的住区。但是不同于我国住宅关注朝向，方向基本一致，住区为了实现围合，对朝向并不刻意关注，基本采用周边式的住宅布局，开设出入口通向住区外部。图 2-14—图 2-20 为伦敦和巴黎的围合式住区。

图 2-14　伦敦的周边式住区鸟瞰(自摄)

图 2-15　伦敦的周边式住区沿街商业(自摄)

图 2-16　伦敦的周边式住区的支路系统(自摄)

图 2-17　伦敦的周边式住区半开放出入口(自摄)

图 2-18　巴黎的周边式住区鸟瞰(自摄)

图 2-19　巴黎的周边式住区(自摄)

图 2-20　巴塞罗那道路交通系统

围合在一定程度上保障了安全，在内部形成可防卫空间，也界定了内外空间，提示外来人员避免进入，打扰住区内部的生活。在此期间，也出现了极端的小街区围合式，以巴塞罗那为代表。1855 年，为了摆脱糟糕的城市环境状况，缓解人口压力，平抑房屋租住价格，巴塞罗那城市政府决定拆除城墙，拓展城市范围。1859 年工程师 I-瑟达提出了扩展区的规划方案。在路网上，巴塞罗那的扩展区规划是欧洲大陆上唯一一个如此大规模的使用格网＋对角线的城市，几乎完全是由 130 m×130 m的街道组成(图 2-21)。

图 2-21　巴塞罗那周边式小街区

2.2.3　小结

古文明时期不同国家和地区的城市建设中，已经打破了聚落制的自发状态，出现了棋盘式的道路网络和类似于里坊制或街巷制的道路系统。部分城市受制于地形条件，不一定都形成规整的布局，沿街部分设置商业服务设施，同时考虑到管理的需要和安全性、便利性等方面的因素，道路依据宽度分为不同的等级，街道、广场等公共空间成为居民主要的活动场所。之后，经历了中世纪、文艺复兴和巴洛克时期等不同时间段，殊途同归，基本形成如同我国坊巷制的半封闭的街区制，兼顾了住区内部的安宁和商业服务功能的满足。

2.3　现代住区交通组织方式的变迁

现代住区不同于以往，最主要的区别是交通方式的变革，工业革命和机动化的发展不仅仅影响了整个城市，更渗入每个住区。

18 世纪后期开始的工业革命，经过 19 世纪的变革与发展，对城市的建设带来了革命性的冲击。工业革命带来生产力的巨大提升，涌现出大量的新兴城市，如英国的曼彻斯特(纺织业)、伯明翰(煤炭、冶金和制造)等。功能的提升，人口的聚集，越来越多的城市开始填平护城河、拆除城墙，城市的物理界限转瞬之间被突破，迅速向外扩张，城市规模的扩大，原来以步行和马车为主的交通方式越来越不能满足需要，迫切需要更快捷的交通工具的更替。

工业革命在变革城市建设模式的同时，城市交通方式发生了根本性的变化。工业革命开始的标志是瓦特发明了蒸汽机，以蒸汽机为动力的“轨道交通”迅速覆盖城市主要街道以及城市间的联系，如伦敦地铁线(1863 年开通)、芝加哥公共缆车(1873 年开通)、芝加哥高架城铁(1892 年开通)等。在工业革命后期，1886 年的 1 月 29 日，德国工程师卡尔・本茨为其机动车申请了专利。同年 11 月，卡尔・本茨的三轮机动车获得了德意志专利权(专利号：37435a)，这就是公认的世界上第一辆现代汽车。由于上述原因，人们一般都把 1886 年作为汽车元年。人们从步行时代、马车时代走向了汽车时代。1908 年福特推出的“T 型车”，将交通方式从“公共化”延伸到“私人化”。公共机动交通和私人机动交通极大地延伸了城市居民的出行范围和城市尺度，二者一直在竞争中提升。面对剧烈的变化，住区规划的理论和实践也得到了长足的发展。

2.3.1　城市集中主义

勒・柯布西耶认为，我们要承认和面对城市规模将不断扩大的现实，应该借助现代化的技术力量，主张用全新的规划和建筑方式改造城市。1930 年，柯布西耶提出“光明之城”的构想，他幻想着一座容纳 150 万人的城市交通网络与建筑能够为城市提供充分的便利，每一个方块街区的大小都是 400 m×400 m，每一座摩天楼之间以工业时代的象征物“汽车”作为联接，每一栋建筑必不可缺的便是垂直升降的电梯，每一栋建筑物之间相隔 400 m，充分让每一个住在塔楼里的人可以享受到新鲜的空气与阳光。交通组织依靠宽阔的马路，以机动交通为主要的交通出行方式。如图 2-22、图 2-23 所示。

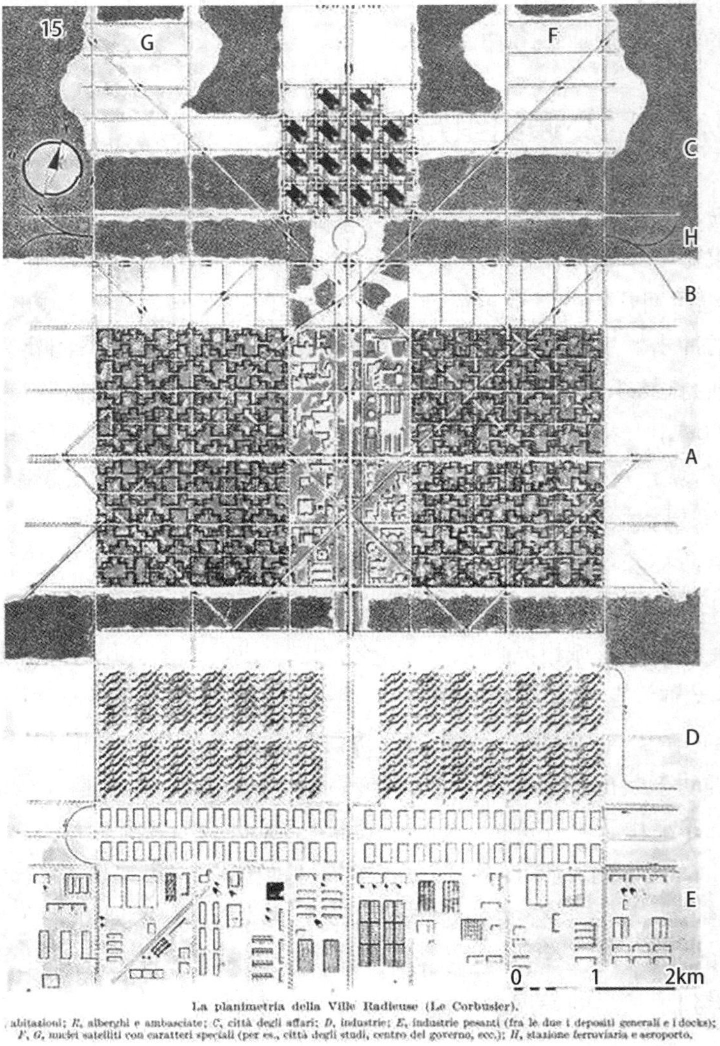

图 2-22 “光明之城”规划方案

（资料来源：http://www.planning.org.cn/news/view? id=3701&cid=0）

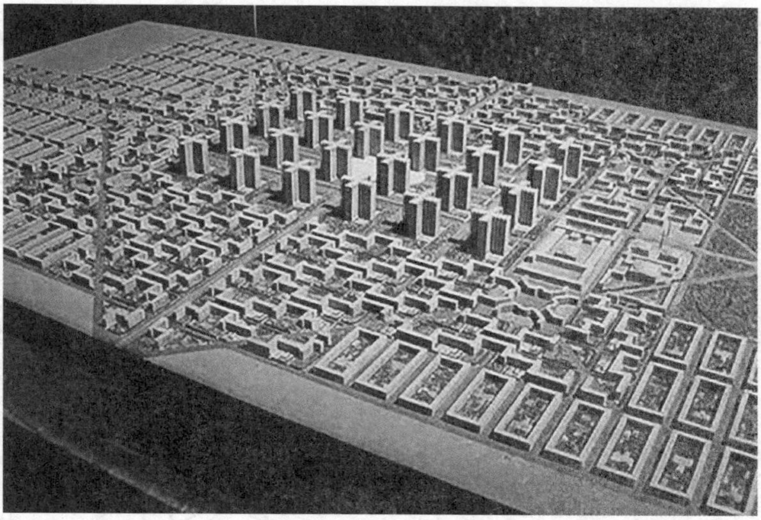

图 2-23　“光明之城”意向图

（资料来源：http://www.planning.org.cn/news/view? id=3701&cid=0）

柯布西耶作为现代主义的代表，秉承“住宅是居住的机器”，认为城市规划应该使城市像机器那样结构清晰、运作便捷，道路就是机器的传送带，由小汽车充当传送带的动力。[12]因而现代主义的规划中以汽车为主要对象进行道路交通规划，如在昌迪加尔的规划中，城市布局采用方格网模式，但是街坊尺度达到 600 m×800 m，车辆可以在街坊内部穿越(图 2-24)。

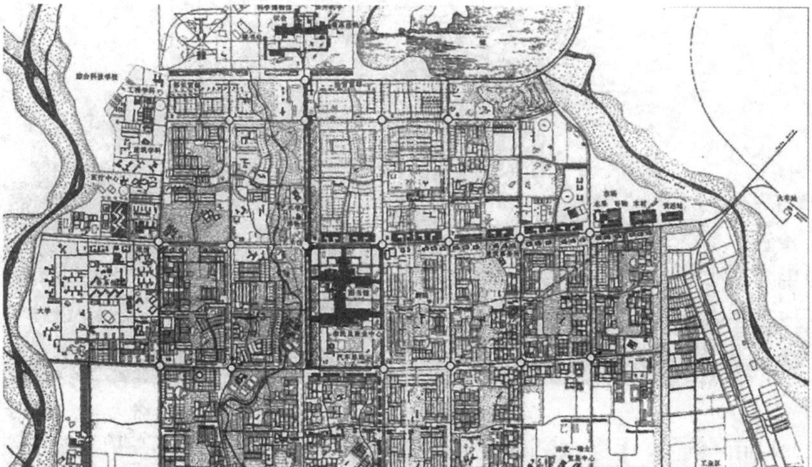

图 2-24　印度昌迪加尔规划平面图

（资料来源：张斌等主编. 里坊城市·街坊城市·绿色城市[M]. 北京：中国建筑工业出版社，2011.）

这种大尺度的街坊布局在鼓励汽车通行，满足汽车通行的速度要求，但尺度过大造成城市空间空旷、不利于步行、城市空间单调无趣等问题。

2.3.2　面向机动化的邻里单位

在美国，佩里于1929年针对大城市人口密集、房屋拥挤、居住环境恶劣和交通事故严重的现实，提出了邻里单位的设想。在社区服务的中心位置设立一所初级学校，在靠近其他街区的边缘地带设置商业服务设施。同时街区内设有小规模的公园以及休闲设施，它们的占地面积大约占总用地面积的10%。佩里认为，社区内部每个住户与上述服务设施之间的距离都应该在步行范围之内(图2-25)。

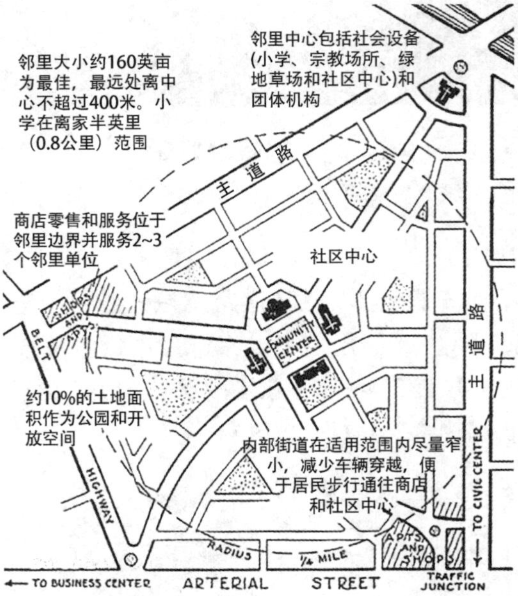

图2-25　“邻里单位”示意图

（资料来源：吴志强，李德华主编.城市规划原理[M].4版.北京：中国建筑工业出版社，2010.）

邻里单位理论在住区交通方面取得了大的突破，改善了住区的交通环境，同时优化了住区的交通组织。佩里认为，街区边界应顺沿主要街道，把大量交通保持在边缘区域，减少穿越住区的交通。住区内部的居住街道应使用汽车交通较少的较小尺度。[13]其中：

(1) 城市交通不得穿过邻里单位，内部的车行、人行道路分开设置。

(2) 内部街道系统采用尽端路或弯曲的设计，以阻止穿越性交通，形成安静、安全为特征的少量的交通流，以保持住区的宁静气氛。

(3) 邻里单位大小约为160英亩(1英亩≈0.004 047 km^2)居住密度每英亩10

户，其形状应能使学童上学的距离不超过 800 m。

以这种设想来兴建居住区，使住区内部的车辆交通得到有效控制，保障了居民的安全，且建筑密度不高，居住环境较为舒适，并以教育设施及邻里中心构成住区公共活动中心，有利于促进人际融合，形成住区凝聚力。

此后的相当一段时间，佩里的观点与结论成为美国社区规划的标准，并发表于美国联邦住宅管理委员会所属的《工业技术学报》。第二次世界大战以后，美国联邦政府将抵押贷款的资助条件直接与上述标准紧紧联系起来；因此他们对全美 20 世纪五六十年代住区规划和开发模式起到发生了深刻的影响。这种邻里单位的规划思想在第二次世界大战后被各国的住宅区建设广泛采用并加以发展。

2.3.3　人车分流的“雷德朋体系”

在美国，由于易于测量、布局和划分土地，方格网式成为当时标准的街道布局方法，然而，为了降低建设成本，开发商一再提高居住区内的建筑密度，导致其缺少充足的阳光、空气和开敞空间。另一方面，汽车逐渐为公众接受并迅速进入美国家庭，保有量从 1900 年的 8 000 辆发展到 1930 年的 2 300 万辆。汽车的普及在给普通民众的生活带来巨大便利的同时，也对方格网的街道产生了冲击。当时的规划师认为，这种没有明确分级的高密度、高连通度路网使得所有的街道都同样地服务于城市交通，从而使交通拥堵、噪声和尾气污染遍布全城，使沿街居民的生活缺少宁静与安全。

面对以上背景，城市规划师和建筑师克拉伦斯・斯坦(Clarence Stein)与亨利・赖特(Henry Wright)于 1928 完成规划并开始建设位于新泽西州的雷德朋新镇。雷德朋新镇距纽约市 28 km，原规划面积 2 $mile^2$(5.2 km^2)，人口 30 000 人，由 3 个邻里单元组成。它充分考虑了私人汽车对现代城市生活的影响，抛弃了传统的高连通度街道网模式，开创了一种全新的居住区和街道布局模式，每个大街坊 30～50 英亩。服务于整个社区的商业中心则位于邻里单元以外靠近干道的位置。

住区交通组织采用了人车分离的道路系统，首次将居住区道路按功能划分为若干等级，住区内部设计“集散道路”(Collector Road)，然后分散延伸到住宅组团内，而连接住宅的道路采用尽端路(cul-de-sac)连接，将机动交通与步行交通分离，在保障机动车流畅通的同时减少了过境交通对居住区的干扰；精心设计了相互联系的专用步行道网络以创造出积极的邻里交往空间，居民步行即可到达日常服务设施[14]，这种分离式的住区交通体系被称为“Radburn”(雷德朋)体系，在之后的住区交通规划中被广泛应用。如图 2-26 所示。

至 20 世纪 50 年代，欧洲各国都在加速建设住区，形成了居住小区的雏形。西欧城市的住区建设依旧遵循“邻里单位”理论，同时出现由分级的住区道路和社会活动体现出的规划结构。苏联和东欧的一些国家在“邻里单位”理论的基础上，结

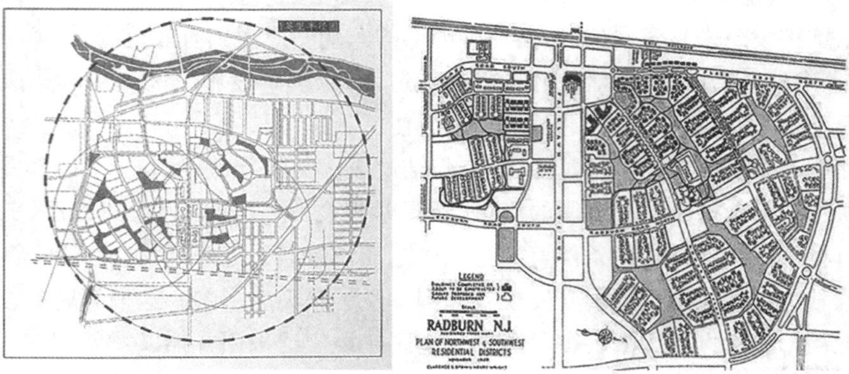

图 2-26 雷德朋新城社区规划

（资料来源：卓旻主编.西方城市发展史[M].北京：中国建筑工业出版社，2014.）

合国情进行修改与补充，形成了“扩大街坊”的新模式。建筑空间组织灵活，以公共绿地为中心。这种形式对我国同一时期的住区规划建设影响较大，如上海的曹杨新村等(图 2-27)。

图 2-27 曹杨新村鸟瞰

（资料来源：http://sh.sina.com.cn/news/zw/2017-11-14/detail-ifynshev5986258-p3.shtml）

到 60 年代，小汽车交通的迅猛增长对城市环境的冲击愈发严重，如道路交通安全日趋恶化、公共活动空间被侵占、尾气与噪声污染影响环境品质等问题。面对小汽车交通带来的种种问题，人们开始反思对住区交通规划中以汽车为主的规划理念，其中应用最为广泛的为交通安宁化和新城市主义。

2.3.4　交通安宁化及其荷兰 Woonerf 住区交通改造

荷兰 Woonerf 住区交通改造源于住区道路内交通事故数量增加，住区居民自发开展住区交通改造，其核心目的是降低车辆行驶速度，修正汽车交通的优先权，让其他交通方式获得相对平等的路权，归还街道空间于居民使用。Woonerf 住区的改造从道路设计的细节入手进行住区道路改造，如增加绿色景观小品、缩小道路宽度、曲折道路线形、增加路障使道路凹凸不平等措施（图 2-28），以保障居民可以在安全的前提下共享街道。

Woonerf 住区交通改造从住区的道路改造逐步延伸到住区街区的整体改造，从道路设计、路面设计、道路景观设施等细节措施延伸到交通管理和交通政策等方方面面，并从微观角度总结提炼出一系列可外化为环境标准的设计规范。

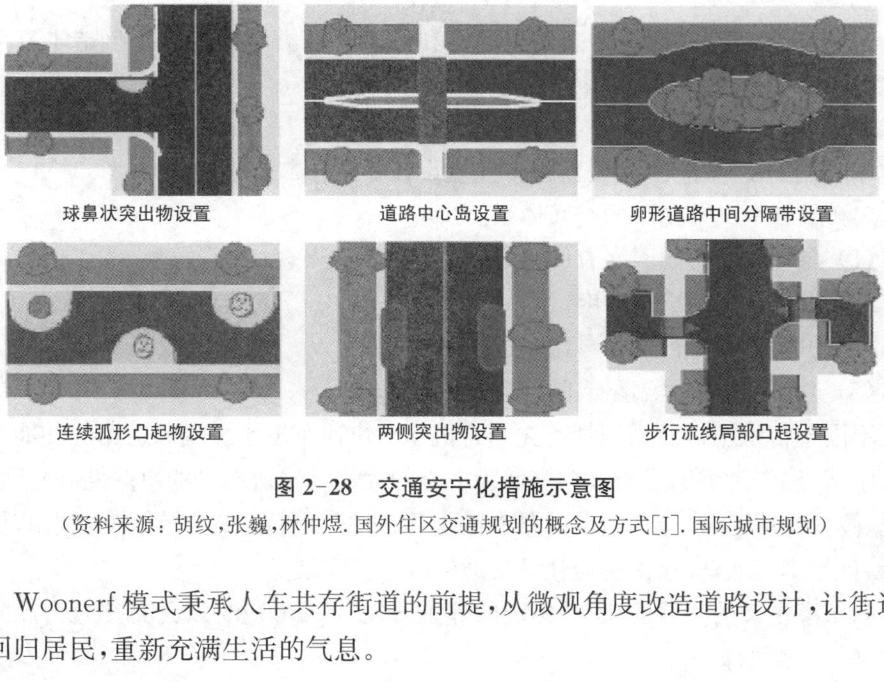

图 2-28　交通安宁化措施示意图

（资料来源：胡纹，张巍，林仲煜. 国外住区交通规划的概念及方式[J]. 国际城市规划）

Woonerf 模式秉承人车共存街道的前提，从微观角度改造道路设计，让街道重新回归居民，重新充满生活的气息。

2.3.5　新城市主义

第二次世界大战以后，以美国为代表的国家很多经历了低密度郊区化蔓延。在这样的情况下，不少城市的规模在几十年间大大扩展，引发了一系列社会问题。在这样的情境下，“新城市主义”应运而生，其主要来自对现代主义城市规划理论的反思，通过分析现代主义规划理论带来的一系列弊端，如过长的通勤距离、对小汽车的严重依赖、郊区化的无序蔓延及人际关系的冷落等揭示了寻求新的住区模式的迫切性。“新城市主义”更关心住区的历史延续与文化继承，对传统城镇所具有的有机性、凝聚力、协调统一性进行了肯定，并以此为模式，融入对现代城市住区的建设与改造中去。新城市主义者认为，错误的政策以及不合理的规划设计思维是导致无序蔓延的症结所在。基于现代主义思想的现行政策法规和规划条例，奉行功能分隔、汽车主导、忽视公共领域及漠视人文精神和自然环境，必然导致蔓延的后果以及上述各种问题的出现。[15]为此，新城市主义提出了相应的规划设计主张，其强调的设计理念主要有如下几点：

(1) 在住区设计中，明确的住区边界是创造领域感和归属感必不可少的条件。

(2) 适度的住区规模和具有明显特征的住区中心是创造可识别的场所的关键。

(3) 以公共交通为导向，以行人为基本尺度的道路系统应构成住区基本的网络结构。

(4) 居住、就业和商业的多功能混合和提供多种类型的住宅是创造丰富多彩的住区生活的基础。

同时“新城市主义”理论对住区的交通规划有专门的研究与分析，制订了减少小汽车利用的交通规则，主要有以下几点设计要求：

(1) 限制小汽车使用的交通体系。

(2) 与广域交通的网络有便捷的联系与协调。

(3) 步行可达的空间尺度。

(4) 积极铺设步行道和自行车道。

(5) 道路系统按尽端路或网格形式配置。[16]

不同于传统土地利用规划首先结合机动车快速车道来协调周边用地功能，“新城市主义”优先考虑的是与公共交通为中心的大规模输送网络的协调性，而且强调街道、步行专用道、自行车道等的紧密结合，通过缩小路宽减少小汽车的利用，促进步行、自行车交通，应该说是对住区交通的进一步发展。

新城市主义的实践模式有“传统的邻里开发”(TND)和“以公交交通为导向的开发”(TOD)两种。

1) 传统的邻里开发(TND)

传统的邻里开发偏重于社区邻里层面的规划设计，同时强调历史感。

Seaside(滨海城)规划设计(图 2-29)是践行 TND 开发理论的典型案例，是一个包含单元住宅、政府单位、露天市场和生活服务设施等居住和旅游度假的多功能社区。Seaside(滨海城)规划回归小尺度的街区设计，采用网格状的街道，倡导步行，开放多样化的公共空间和滨水景观，混合不同功能，最大限度地发挥社区功能。

图 2-29　Seaside(滨海城)总平面图

(资料来源：张冠增主编. 西方城市建设史纲[M]. 北京：中国建筑工业出版社，2011.)

2) 公共交通导向开发(TOD)[17]

1993 年，加州大学伯克利分校的彼得・卡尔索普提出传统意义上的规划仅仅关注"美学和建筑"，而对于城市的不断低密度蔓延的问题没有提出解决方案。为此，他提出了"交通引导开发"基本模型，即 TOD 模型，该模型利用了运输与土地使用之间的一个基本关系，将开发集中在沿轨道交通线和公交网络的结点上，把大量人流发生点设置在距公交车站很近的步行范围内，鼓励更多的人使用公共交通。其中主要的规划准则包括：

(1) 区域的增长结构应该与公共交通的发展方向一致，应当采用更为紧凑的城市结构。

(2) 应该采用混合使用的并且适于步行的规划原则取代现状普遍存在的单一用途的区划控制原则。

(3) 城市设计应当面向公共领域，以人的尺度为导向，而不是倾向于私人领域和小汽车尺度。[18]

一个 TOD 即是一个围绕公交车站将功能密集交织在一起的社区，规模从 20～40 hm^2 (1 hm^2 = 0.01 km^2) 不等，其构成包括：1 000～2 000 户以公寓和联排为主的不同住宅类型，住区的核心位置是公共交通站点。强调土地混合利用，并以公共交通优先为规划原则。居民距离社区中心或公交车站不超过 600 m 或10 min 步行路程；公交车站之间的距离在 0.8～1.6 km，车程不超过 10 min；区内汽车时速不能超过 25 km，内部服务性道路路宽不超过 8.5 km(图 2-30)。

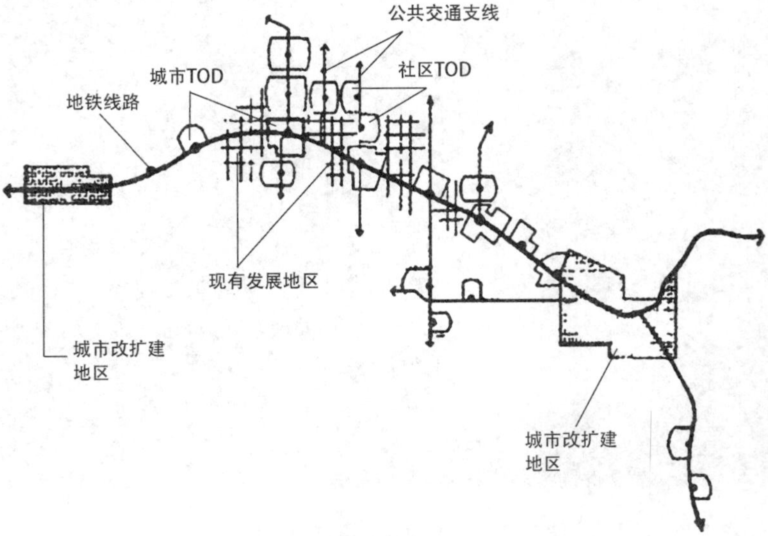

图 2-30　基于“TOD”的城市结构模型

(资料来源：马强. 近年来北美关于“TOD”的研究进展[J]. 国际城市规划，2003(5).)

2.3.6　小街道与绿色社区

辛西娅·格林、雷纳德·凯利特等在《小街道与绿色社区》中提出可达性和连接性是衡量路网有效性的两个重要标准。住区内部采用混合路网的形式会获得较高的效率，混合路网以步行和自行车为主，同时也提供连接良好的机动车路网。混合路网还有利于结合住区的环境资源因地制宜，也可以适应复杂的地形。

辛西娅·格林等人还提出了住区交通的组织策略：设计为机动车提供道路选择的良好连接的街道系统；为步行和自行车提供最高程度的可达性和连贯性；创造美丽的、高质量的步行和自行车环境；采用适合基地条件和避开自然资源的街道系统；减少机动车道的总长度和宽度来减少街道系统的不透水表面。

德国斯图加特 Ostheim 小镇通过严格规范而细致的交通规划，使得城市居民获得了良好的绿色出行环境和安全。其在住区道路与交通规划上营造绿色出行环境的特征主要包括以下几点：

(1) 路网络结构层次分明，路网密集而连续。

(2) 多样化的道路设计，每条道路根据不同的住区环境需求而进行相应的细致设计。

(3) 道路功能实现多种交通模式的共享。

(4) 住区道路及交叉口设计采取通而不畅的设计原则，限制和控制机动车的车速和通畅性(图 2-31)。

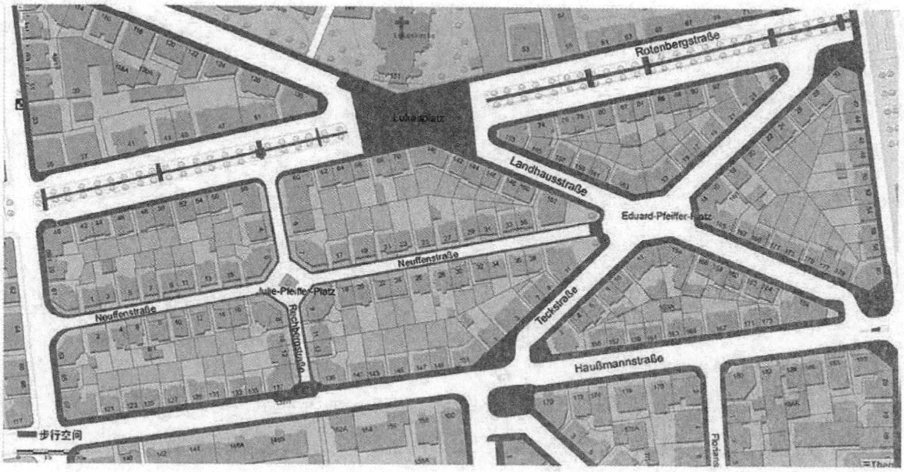

图 2-31　Ostheim 小镇人性化的交叉口设计

(资料来源：刘涟涟，蔡军，尉闻. 促进绿色出行的德国城市住区交通规划——以斯图加特 Ostheim 小镇为例[C]//2014(第九届)城市发展与规划大会. 2014.)

(5) 公共交通线路与站点规划与道路网结构相协调，以细胞状围合住区，站点、线路及运行服务实现轻轨与公共汽车、自行车和步行交通多种交通方式的无缝链接。

(6) 步行空间设计变化丰富，广场、步行区、林荫道、人行过街和步行道构成层次清晰，连续而密集的住区步行网络。

(7) 居住街道普遍实施 30 km/h 限速措施，在保障了步行安全的前提下，满足了私人机动车的通行与静态停放。[19]

2.3.7　住区路网设计与交通流组织[20]

如何规划设计住区的路网和用地是我们在进行住区规划设计时需要解决的重要问题。华盛顿大学教授安妮·维尔纳·穆东(Anne Vernez Moudon)对当今 12 个街区进行了研究后总结得出，在密度均衡、社区服务设施可达性良好的街区中，面积较小、人行道系统连续性好且与其他街区连接紧密的街区与面积较大、人行道系统不协调且不连续的街区相比，前者行人流量是后者的 3 倍。我们在设计时常用可达性和连接性来衡量路网的效率。目前的住区交通组织中，常用的路网形式有两种：格网式和环路+尽端路式。

传统的方格路网是 19 世纪末 20 世纪初最常采用的标准形制，形成的街区较短,街道笔直,每个街区都有后巷。小巷位于住宅楼后方,可以提供停车空间或公共服务设施的安置空间。网格状道路直达性更高,同时允许多种路线的选择,而且与多个入口都有方便的交通联系,因此对行人来说有着更大的吸引力。

环路＋尽端路的住区路网组织形式(图2-32),可以通过环路和较多的尽端路来限制住区主要道路上的车辆交通。次要道路把住区交通分流到了小型内部道路上,并服务于高流量的主要道路。这正是“雷德朋体系”的良好体现:人车分流,内部有绿地和步行系统,外部或周边是车型系统。但是对于步行者而言,住区内的环路和尽端路连接性较差。

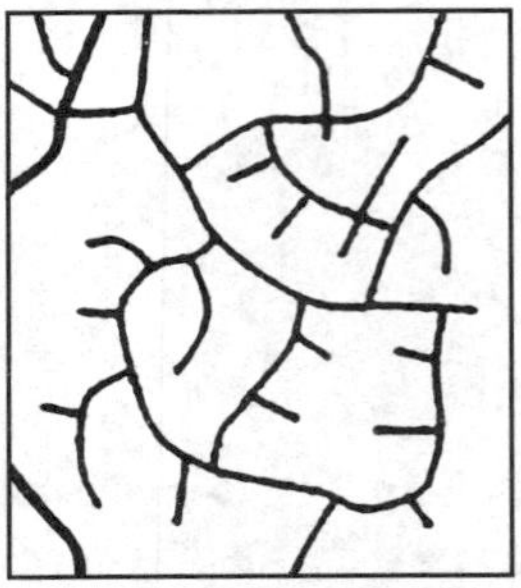

图 2-32　环路＋尽端路式路网

(资料来源:https://transportgeography.org/?page_id=4725)

这两种路网各有自己的优点和缺点。方格路网提供了很好的连接性与可达性,并且与小巷一起,提供了较大的交通工具容量。环路和尽端路网的形式则使居民出行的安全性达到最大化。因此,辛西娅·格林认为,一种混合路网——以步行和自行车为主同时也提供机动车路网的路网形式,会更加高效。同时,街道、人行道和机动车道在住区中适当减小尺度也非常重要,这样不仅对生态更加友好,也会使邻里生活更加美好。

2.3.8　海绵住区

在探讨住区交通组织形式的同时,对于住区道路和停车系统的生态性也日益受到关注,在城市关注“海绵城市”“海绵道路”的同时,住区是践行“海绵道路”“海绵场地”的最佳区域,进而实现“海绵住区”的目标。

“海绵城市”的概念源于行业内和学术界习惯用“海绵”来比喻城市的某种吸附功能。近年来,更多的学者将海绵用以比喻城市或土地的雨涝调蓄能力。水环境与水生态问题是跨尺度、跨地域的系统性问题,也是互为关联的综合型问题。诸多水问题产生的本质是水生态系统整体功能的失调,因此解决水问题的出路不在于河道与水体本身,而在于水体之外的环境。因此,从生态系统服务出发,通过跨尺度构建水生态基础设施,并结合多类具体技术建设水生态基础设施,是“海绵城市”的核心。[21]

海绵城市型居住区是指在海绵城市理论的指导下进行科学合理的设计规划所建成的居住区。海绵城市型居住区的主要处理对象为雨水、景观用水及部分生活用水;主要目的为雨水的收集、净化和再利用。[22]如图 2-33 所示。

海绵住区的指标包括透水铺装率、下沉式绿地率和下沉深度、屋顶绿化率、地下空间覆盖率等。其中透水铺装率涉及住区道路和住区场地等,由于住区内部一

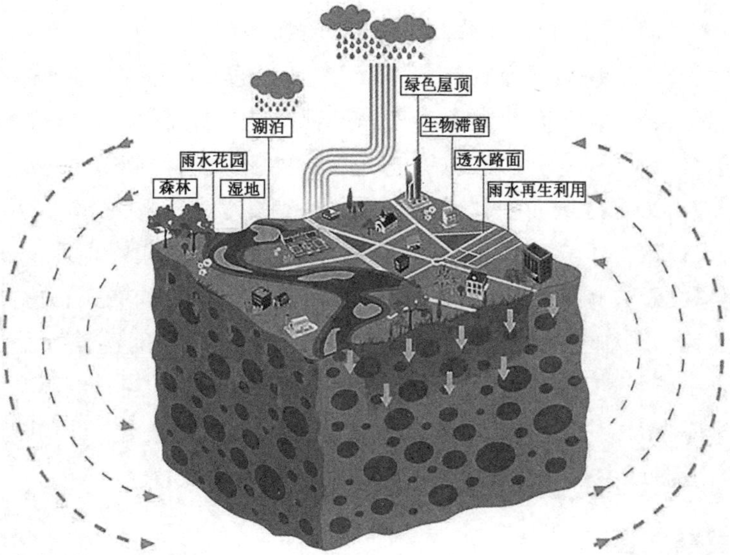

图 2-33 海绵社区示意图

（资料来源：http://s.news.bandao.cn/news_upload/201605/20160516064126_BCCI7FZ3.jpg）

般不通行载重汽车，道路和场地承受荷载较小，因此，有利于透水铺装的建设和维护。下沉式绿地率和下沉深度涉及住区绿地的组织形式，原来住区从节省造价和日常运营费用角度考虑，设半地下车库，通过草坡覆盖优化景观，但是这种模式不符合海绵住区的要求，需要反其道而行之，转变为下沉式绿地。

地下空间覆盖率主要涉及住区地下停车，目前我国城市一般停车指标为户均一个车位，如果某居住区用地面积 10 hm^2，容积率为 3，则总住宅建筑面积为 30 万 km^2，户均 100 km^2，约 3 000 户。按照上述停车指标，根据现行《城市居住区规划设计标准》(GB 50180—2018) 中 5.0.6 条："居住区应配套设置居民机动车和非机动车停车场(库)，并应符合下列规定"的第二条提到"地面停车位数量不宜超过住宅总套数的 10%。"这当然是很合理的，希望把地面更多用于绿化，但是除非居住区建设地面多层停车库或机械式停车设施，如按照一般居住区建设地下停车库而言，则以上述案例为例，2 700 个车位要入地，每个地下停车位面积至少 35 m^2，这样，地下停车库面积就达到 94 500 m^2，包括其他地下设施，这样 10 万 m^2 的居住区，地下空间面积将达到 10 万 m^2。

开发商面临两个选择，一个是满堂覆盖的地下空间，一个是两层地下空间。开发商往往选择前者，一个原因是地下一层造价低，第二个原因是地下一层容易销售，一般住户停车最佳选择是路边，停取方便，费用支付低；其次是地下一层，停取便捷程度尚能接受，最不愿意接受的是地下负二层，停取不便。这样，住区地下就是一块厚实的满堂覆盖的板。公共设施有过之而无不及，地下一层为商业等设施，地下二层为停车，这块板更厚；城市道路大多是不透水的铺装，目前海绵道路仅仅涉及道路绿化带和人行道，机动车道考虑到载重的问题难以海绵化；公园绿地、广场下面也进行了地下空间开发，包括地下商城、轨道交通设施等。

这样，城市透水区域面积越来越小，暴雨一来，水渗不下去，产生大量的地面径流，如果雨水口设计不合理，马上见分晓；如果雨水口设计相对合理，水就近排入河道，但是河道又没有拓宽，导致河水暴涨，城市又面临被淹的威胁。这样，城市在原来“热岛”的称号基础上又冠之以“雨岛”，因此控制地下空间覆盖率是打造海绵城市的关键之一，通过海绵住区对于地下空间覆盖率指标的控制，倒逼开发商不满堂覆盖地下车库，留出住区雨水下渗空间，服务海绵城市的构建。除了海绵住区，住区生态化也或多或少涉及住区内部的交通组织和停车安排。

2.3.9 智慧住区

“智慧住区”被认为是“智慧城市”的重要组成单位，它是指依托各种传感与通信终端设备感知信息，利用有限与无线通信网络传输信息，运用智能化处理平台挖掘整合信息，并有效引入城市智慧应用系统，实现社区管理精细化和服务人文化、运行低碳化，为居民提供便捷、舒适、环保的生活空间的综合系统。[23]智慧住区交通是其先导之一，包括智慧停车、智慧物流、智慧公交等。如目前困扰住区的快递小哥，对住区交通的安宁化和安全化产生了一定的影响，如在雄安新区和国外部分住区将推行机器人配送以替代人工配送(图 2-34)，将有效解决以上问题。

图 2-34　作为智慧住区组成部分的智慧物流

(资料来源：https://neuhub.jd.com/app?cu=true&utm_source=baidu-search&utm_medium=cpc&utm_campaign=t_262767352_baidusearch&utm_term=126421871100_0_9380492544f645e6a062ccfa5dc3f0de)

智慧社区一般包含数据中心、智慧政务、智慧产业和智慧民生等内容，核心是利用信息技术对不同、不同服务的整合。在架构方面，智慧社区一般包括实体社区与虚拟社区服务平台两个部分，两者互联互通，相互影响，互相促进（图 2-35）。实体社区中的人、地、物、事、组织等要素通过数据中心经过信息化、数字化处理以及整合后进入虚拟的智慧社区平台，为平台提供各类数据库。[24]

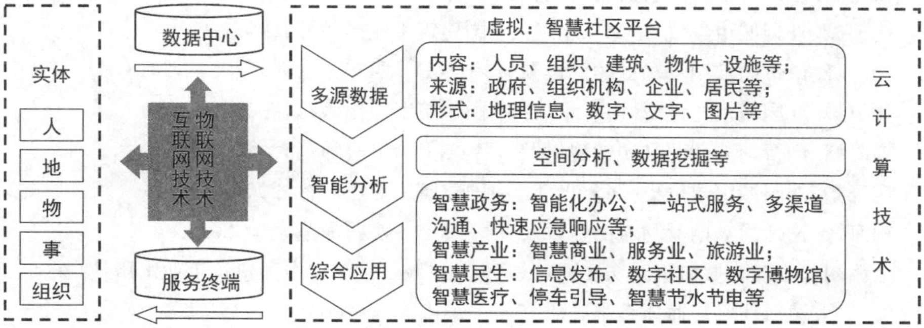

图 2-35　智慧社区的一般架构

（资料来源：申悦，柴彦威，马修军. 人本导向的智慧社区的概念、模式与架构[J]. 现代城市研究，2014(10)：13-17.）

2.3.10　本章小结

本章节回顾了主要的国外城市住区交通规划的发展，总结起来可以分为四个阶段：第一阶段为“街区制住区的雏形”，如希波丹姆斯规划模式，采用方格网的道路布局，住宅建筑临街，开始赋予城市整体的规划逻辑，是西方街坊式住区的雏形；第二阶段为“街区制住区的多样化”，经过中世纪、宗教统治时期、文艺复兴等阶段的洗礼，街区制住区的路网结构、街道设计等方面开始出现多样化的趋势，出现了弯曲的格网、“放射线＋方格网”等路网体系；第三阶段为“街区制住区的扩大化”，国外城市经过工业革命的冲击，汽车交通逐步成为城市主要的交通方式，街坊的尺度开始扩大，街道的尺度也变大以满足汽车交通的速度要求，而同时为了避免人车交通的冲突，住区交通规划出现了邻里单位和“雷德朋体系”等规划模式；第四阶段为“街区制住区的回归”，汽车交通作为主流交通方式的趋势势不可挡，而一味地保障汽车速度的要求不利于居民享受城市的生活，因此针对街道改造，回归传统街坊尺度的规划理论和实践开始涌现，但是这不是简单的回归，住区安宁化、生态化、智慧化已成为当今的发展趋势。

总而言之，国内外城市住区交通组织的发展殊途同归，从聚落制开始——闾里制和里坊制（街区制雏形奠定）——街巷制和坊巷制（街区制多样提升）——小区制（街区制扩大异化）——街区制（街区制完美回归）等多种方式。其核心是人和车的博弈，国内外城市住区交通组织都经历了“人车混行—人车分流—人车共存”的发展过程。

参考文献

[1] 邢永超. 姜寨遗址聚落形态研究[D]. 济南：山东大学，2013.

[2] 雷小军. 中国传统民居的演变与现代生态居住环境设计[D]. 长沙：湖南师范大学，2011.

[3] 沈玉麟. 外国城市建设史[M]. 北京：中国建筑工业出版社，2007：10.

[4] 刘海峰. 论帝国前期罗马城的建设及其特点[D]. 西安：陕西师范大学，2013.

[5] 沈玉麟. 外国城市建设史[M]. 北京：中国建筑工业出版社，2007：9.

[6] 刘海峰. 论帝国前期罗马城的建设及其特点[D]. 陕西师范大学，2013.

[7] 沈玉麟. 外国城市建设史[M]. 北京：中国建筑工业出版社，2007：16.

[8] 刘海峰. 论帝国前期罗马城的建设及其特点[D]. 陕西师范大学，2013.

[9] 徐循初，汤宇卿. 城市道路与交通规划（上册）[M]. 北京：中国建筑工业出版社，2005：29.

[10] 吴文. 大城市住区交通体系基础研究[D]. 湖南大学，2004.

[11] 沈玉麟. 外国城市建设史[M]. 北京：中国建筑工业出版社，2007：48.

[12] 辛西娅·格林，雷纳德·凯利特，等. 小街道与绿色社区——社区与环境设计[M]. 北京：中国建筑工业出版社，2014：10.

[13] 魏明，杨方廷，曹正清. 交通仿真的发展及研究现状[J]. 系统仿真学报，2003，08：1179-1183+1187.

[14] 吴志强，李德华. 城市规划原理[M]. 4 版. 北京：中国建筑工业出版社.

[15] 王慧. 新城市主义的理念与实践、理想与现实[J]. 国际城市规划，2002(3)：35-38.

[16] 胡环，董洁霜. 基于 EMME3 与 VISSIM 的交通影响分析方法[J]. 上海公路. 2013(03)：70-74+11.

[17] 魏丽. 基于 VC 的可视化微观交通仿真系统[J]. 中国教育技术装备，2012，30：40-42.

[18] 马强. 近年来北美关于“TOD”的研究进展[J]. 国际城市规划，2003(5).

[19] 刘涟涟，蔡军，尉闻. 促进绿色出行的德国城市住区交通规划——以斯图加特 Ostheim 小镇为例[C]//2014(第九届)城市发展与规划大会. 2014.

[20] 邝先验. 城市混合交通流微观仿真建模研究[D]. 华南理工大学，2014.

[21] 俞孔坚，李迪华，袁弘，等.“海绵城市”理论与实践[J]. 城市规划，2015.

[22] 王珂. 海绵城市理论在居住区设计中的应用[J]. 中国园艺文摘，2017(12)：155-156.

[23] 郑从卓，顾德道，高光耀. 我国智慧社区服务体系构建的对策研究[J]. 科技管理研究，2013，33(9)：53-56.

[24] 申悦，柴彦威，马修军. 人本导向的智慧社区的概念、模式与架构[J]. 现代城市研究，2014(10)：13-17.

第3章　当今住区交通组织模式解析

在我国住区发展过程中里，小区制是非常常见的模式。在计划经济时代，就业组织安排、居住福利分房、生活计划供应，全部都由“单位”负责，大院组织、大墙围合、前单位后居住，主要的交通方式为步行和骑车，机动交通所占比例低。这样形成了大机关、大院校、大企业、大部队的大单位、大院制模式。在当时，这种功能布局模式与其交通需求量较小、机动化程度较低且交通依赖较小的社会状况是符合的。规划路网则参照了前苏联的道路交通规划设计规范和标准，采用大尺度、大街区、低密度的规划布局模式，与大单位、大院制社会组织也完全契合。在机动交通需求相对较小的情况下，小区制也没有产生太大的交通问题。

20 世纪 70 年代末、80 年代初，随着改革开放，市场经济兴起，土地、就业、住房、消费及服务等与居民相关的大小事务都市场化的状况下，交通需求分布、出行方式依赖、交通消费选择等发生了翻天覆地的变化。交通需求日益增长，却没有与之相对应的城市路网结构的变革。1993 年颁布的《城市居住区规划设计规范》倡导小区制，开发企业推波助澜，追求大盘效应，40 多年来市场经济主导下的规划建设的城市新区和新城路网，依然是大尺度、稀路网，甚至比旧城区的路网密度还低、道路尺度更宽。

自 2016 年 2 月《中共中央国务院关于进一步加强城市规划建设管理工作的若干意见》出台后，宽马路、大街区的状况从制度上进行了变革。随后更新修订出台的国标《城市居住区规划设计标准》(GB 50180—2018)、《城市综合交通体系规划标准》(GB/T 51328—2018)对居住区路网密度、路网形式都据此作出了新的规定，以响应新时代的交通需求。

《居住区规划设计标准》中 6.0.2 条明确规定，居住区的路网系统应与城市交通系统有机衔接，居住区应采用“小街区、密路网”的交通组织方式，路网密度不应小于 8 km/km^2；城市道路间距不应超过 300 m，宜为 150～200 m，并应与居住街坊的布局相结合。

《城市综合交通体系规划标准》中 12.1.2 条明确规定，道路网络布局和道路空间分配应体现以人为本、绿色交通优先，以及窄马路、密路网、完整街道的理念。12.6.3 条还规定了城市不同功能地区的街区尺度与路网密度。其中居住区规定的街区尺度的长小于或等于 300 m，宽小于或等于 300 m；居住区路网密度大于或等于8 km/km^2。我国现代住区从小区制到街区制发展中，住区的交通流组织也发生了质的改变，本章主要论述从小区制到街区制的转变中，住区的交通流组织相应的要求。

3.1 住区用地规模与交通流组织

随着生活水平的提高和物质条件的进步，人均小汽车保有量持续增加。这一方面促进了城市化进程的加速和城市规模的迅速扩张，另一方面也带来了交通拥堵和城市环境的恶化。虽然，城市布局在全面优化，工业区大都搬迁到城市外围，与城区有一定的隔离，但是城市的天没有比以前更蓝，空气没有比以前更清新，还出现了雾霾，其核心原因是交通污染，每一辆燃油汽车都是污染源，深入大街小巷，城市各处，难以管控。因此，在新能源汽车推行的同时，在住区交通组织上，希望通过小区制向街区制的转化，打破围墙，从微观到宏观，疏解好机动交通流，服务好慢行交通流，促进公共交通的发展。通过打通交通微循环，从住区入手，改变城市整体交通拥堵的状况，这恰好符合“新城市主义”的规划思想。

交通微循环这一概念来源于医学微循环，原本指代由微动脉经毛细血管到微静脉这一段微血管中的血液循环。交通微循环在组成结构、密度与数量、功能作用、运动层级性、容纳作用和对整体机能影响方面和医学微循环有很多相似之处。它在城市中的分布范围极广，几乎无处不在，对城市交通的高效性和通达性起着举足轻重的作用(图 3-1)。人们普遍认为，交通微循环系统就是由部分次干路、支路

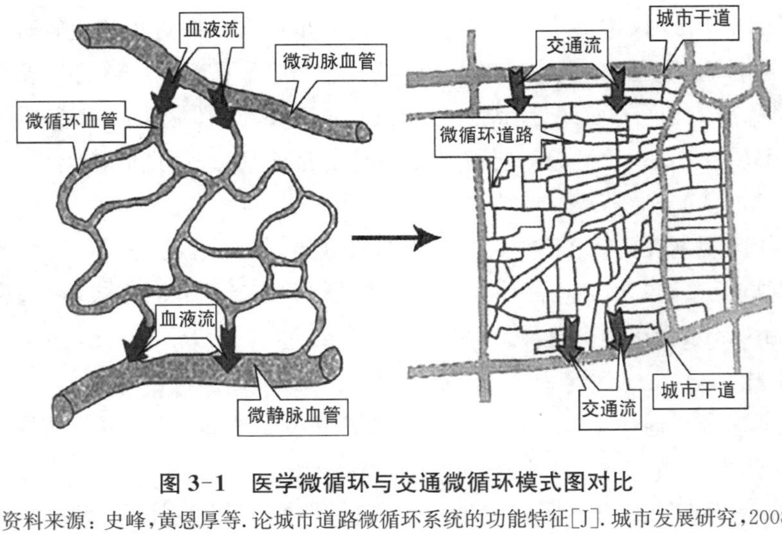

图 3-1　医学微循环与交通微循环模式图对比

(资料来源：史峰，黄恩厚等. 论城市道路微循环系统的功能特征[J]. 城市发展研究，2008)

以及支路以下道路组成的区域道路网络运输体系。简单而言，可以将交通微循环体系理解为是以打通断头路，加密次支路网，挖潜次支路通行能力，提高支路的利用率为主要手段的系统工程，目的在于提高整个城市道路系统的运行效率；其实交通微循环远不止简单的交通计算或单纯的道路设计，而是一个涵盖经济、文化、交通、生活和土地开发等因素的综合体。

交通组织微循环模式旨在强化次支路为主干路网分流减压和增加可选路径的交通功能，盘活道路资源存量，均衡道路网流量，提高整个城市道路系统的运行效率。交通组织微循环模式一方面能够合理分担交通流量、缓解交通压力、提高道路通行速度；另一方面由于组成城市交通微循环系统的道路往往都是居住区或医疗、教育等公共服务设施周边的道路，与市民的日常生活密切相关，因此还具有服务功能。

我国的居住小区空间组织方式源于"邻里单位"，这个理论是建立一个自我相对完整、减少机动车影响的安全社区。因此小区被设计成一个相对完整的独立单位，被城市道路围绕，内部是一条条的尽端路、断头路，或者通而不畅的道路，交通微循环不畅，直接导致城市交通拥堵。此外，内向性的特征造成社区的封闭性，减弱社区空间的开放度，并且容易产生大街坊，隔断城市肌理的连续性，破坏城市整体的有机性。

街区制的最大特点就是打通交通微循环，为城市舒筋通络，为住区生活和街道生活提供良好的互动条件。使城市交通组织得以疏解，公共设施服务更加便捷，它还提供了视觉缺口，便于城市气息融入住区，居住单元融入城市，形成一体化的空间格局。

3.2　住区开发强度与交通流组织

交通流与交通量关系密切，而住区的开发强度直接影响住区交通量的生成，从而影响着住区的交通流组织。

首先，开发强度影响住区的人口密度。高开发强度往往对应着高人口密度。因此，开发强度高，交通密度会更大，交通出行方式构成也会更加复杂。单位面积机动交通量和非机动交通量都会增加，不同形式的交通流会有不同的要求。比如机动交通流要求可达性，非机动交通需要快捷性，步行交通则需要安全性。

同时，开发强度高的住区，伴随着较高比例的小汽车保有量，对停车设施的要求也会更高。单位面积停车设施的规模将相应提高，需要开发大量的地下空间用于停车。如前所述，一方面，大量的地下空间的开发增加了住区的综合造价；另一方面，也破坏了住区的生态，尤其是地下水生态。此外，停车设施的布局对小汽车、非机动车交通流产生,会影响其路径的选择与行进的流线。

3.3 现代交通方式与交通流组织

不同的交通出行方式有着不同的特点,对住区交通流的影响也不尽相同,因此需要考虑不同的交通组织方式。

3.3.1 小汽车交通

小汽车在住区道路行驶过程主要是连续流。在出行的集中时间段,车辆在住区内部不间断地连续行驶。它在道路上的分布是随机的、离散型的。在车流密度不大时,后面的行驶速度较快的车要超越前面比它慢的车,可以自由变换车道超车,然后交汇到前面的车流中去。如车流密度增加,车辆行驶的自由度就受到前车的制约,尤其是在不稳定流的状态,车速时快时慢、变化又突然,容易发生交通事故。所以,在整个行驶过程中道路上的车流密度是决定车辆能否自由交织、变换车道、出入车道,能否按规定的车速安全、舒适行驶的关键。国外常用道路上每车道的车流密度值来确定其分级的服务水平。

但是住区的道路用地规模有限,路边停车现象较普遍,因此多见车辆单向行驶。所以超车现象不多,路边停车也会影响后面车辆的行进。

3.3.2 自行车交通

一般自行车在路段上占用道路面积为 4～10 m^2/车,有资料统计,不同速度下自行车占用道路面积是不同的。自行车以 5 km/h 骑行时,占用道路面积约为 4.1 m^2;10 km/h 时占用道路面积为 5.2 m^2;12 km/h 时,占用道路面积为6.2 m^2;15 km/h时占用道路面积为 8.1 m^2;20 km/h 时占用道路面积为 10 m^2;25 km/h 时,占用道路面积为 12 m^2;30 km/h 时占用道路面积为 16 m^2。当然,一般自行车的速度都控制在 15 km/h 以下,但是住区中也有超过,甚至远远超过这一速度的电动自行车。而通过自行车占用道路面积的匡算,可以分析住区道路单位路段能够容纳的自行车的量。

自行车的特征与机动车相比有很大的不同。①自行车转向灵活、反应敏捷,正常行驶时,横向摆动宽度约 0.4 m,但在行进中因超车、让车或加速而常偏离原骑行车道线,甚至有时突然偏离或冲出原骑行车道线;②自行车交通流在路段上不严格保持有规则的纵向行列,而是成群行进;③与成群性相反,有些骑车人不愿在陌生人群中骑行,也不愿紧紧尾随别人之后,往往冲到前面个人单行,或滞后一段单行;④由于自行车机动灵活,爱走近路,又易于转向、加速或减速,因而骑车速度和自行车流向常常突然变化，还有在车流中你追我赶的现象。

3.3.3　电动自行车交通

近十年来，电动自行车在城市交通体系的地位愈来愈重。电动自行车一直饱受争议，因其低能耗、无污染、使用成本低及快速省力等技术特点深受大众欢迎，但由于其超标现象多发，运行秩序相对无序，各种违章与事故现象逐渐凸显，对道路交通的效率和安全造成了一定影响。可是电动自行车越来越普及已是不争的事实，因此我们在进行交通流组织的时候，必须考虑电动自行车的特点以及需求。

电动自行车的出行速度、时间、距离介于自行车与小汽车之间，更接近于自行车，占用空间少，车辆轨迹灵活，停放空间小等。在进行住区的交通流组织时，可将其与自行车结合考虑。但是由于电动自行车速度远远大于自行车，因此我们在将电动自行车和自行车进行同一化计算时，可以在自行车的基础上，将电动自行车的速度乘以1.5～2.0。

3.3.4　步行交通

步行可以说是在其他交通工具出现之前人们所采用的最古老的出行方式。人们体力状况允许的步行距离一般是400～1 000 m的范围内。步行有其独特的优势，因为行进和停止都较随性，所以它可一次完成多种出行目的与活动，如购物、游憩、锻炼和社交等，且形式随意，不受时空约束。并且良好的步行系统也是形成住区居民亲密交往的起点，日常生活中经常性的见面促进了邻里间的交往，使人们有机会在一种轻松自然的气氛中建立并保持友谊。步行系统也为人们提供了活动场所，增添了住区活力。

西方国家，尤其是美国近几十年来的住区模式是以严格功能分区的现代主义原则为基础的，以小汽车为主要出行方式的道路交通格局破坏了传统住区内部的有机联系，进一步加剧了社会阶层的分化与隔离；对公共空间的忽视减少了人们相互交往的机会；缺乏明显识别特征的空间界定，使人们难以获得安定感与步行交通归属感。因此近年来美国的住区规划更强调创造具有生活意义的场所，重新建立人们失去的“乐园”：步行道、行道树、街角商店及邻里活动区等让人感受温馨的城市住区空间。这其中，步行交通扮演了至关重要的角色，它也应在我国未来的住区交通体系中发挥重要的作用。

3.3.5　公共交通

公共交通主要包括城市公共汽电车、轨道交通、轮渡、缆车和出租车等多种交通形式。作为城市重要的基础设施之一,公共交通是城市、住区交通结构中的重要组成部分,是改善城市投资环境、发挥城市功能的物质条件,也是城市社会和经济赖以生存、发展的基础。对住区居民来说更是完成日常交通出行的重要交通方式。如何为居民提供安全、方便、迅速且尽可能舒适的出行条件是城市公共交通义不容辞的任务。

公共交通相比其他交通方式在运营成本、运载能力、人均道路占用、人均能源消耗和环境污染等方面优势明显,也是集约利用城市土地资源,发展紧凑城市结构,提升交通运输系统效率的适合我国国情的重要交通手段。它对保证居民上下班出行及城市的各项生产建设的正常进行,发挥着巨大的作用。

在进行公共交通站点,尤其是公共汽电车、出租车站点布置时,首先要考虑如何最大限度地为居民提供便利,同时又不会对住区的交通出行带来拥堵;邻近住区出入口,同时离开住区出入口有一定的距离,避免相互干扰。其次,要充分考虑慢行交通与公共交通的有机衔接,解决好公共交通最后 800 m(轨道交通)和 500 m(常规公交)的问题。

3.4 交通出行结构与交通流组织

上述各种交通方式作为方便人们出行的手段都有其优点与缺点。在特定的时间与特定的空间环境下,不同的居民会选择最适合自己的交通方式。影响人们对交通方式选择的重要因素有:交通成本、出行时耗、方便程度、交通距离及生活水平等。由于种种原因,某些交通方式的巨大优势与潜力并未发挥出来,被其他交通方式抢占或严重降低了人们的出行效率,如目前的公共交通和慢行交通就受到小汽车为主的机动交通的影响和干扰,尚未发挥其最佳效益。

交通出行结构是指在交通运输系统中,各种交通方式在总出行中分担比例的构成,即人们出行选择使用各种交通工具的比例。合理的交通结构就是让各种交通方式既在其适用范围内发挥最大优势,同时又一起合理地组合构成住区的交通出行方式,不至于因产生过多的交通总量而发生交通拥挤,同时减少对住区环境的污染。面对私人小汽车的迅速增长,公共交通在长距离出行中的作用与优势并未充分发挥出来,导致机动车出行量激增,与大量自行车出行混合一起,形成混合交通严重的典型特征。因此,要想形成良好的交通结构,应在自行车出行范围之外的中长距离出行中,优先发展公共交通,合理控制私人小汽车的出行,不断提高公共交通的服务质量,以吸引更多的公交使用者。同时,多种交通方式互相补充,构成协调有序、优势互补的城市、住区综合交通运输系统。

以营口市鲅鱼圈区为例,通过居民出行调查,统计形成其出行方式结构如

表 3-1 所示。

表 3-1　鲅鱼圈区 2012 年居民出行方式结构

出行方式	公交车	出租车	摩托车	小汽车	自行车	助动车	步行	其他	合计
比例	17.88%	4.95%	4.74%	20.5%	9.61%	8.83%	31.5%	1.99%	100%

从中可见公交车、出租车、小汽车、摩托车、助动车和步行共同组成全区整体交通结构，这也是住区交通结构研究的基础。

不同交通方式组合形成不同的交通流，因而对道路断面提出了不同的要求。现在的住区多数采用的是人车混行的道路断面形式，在进行住区交通流优化的时候，要结合具体的交通出行结构来设计道路的断面形式，如自行车较多的情况可以考虑纳入慢行系统，与机动交通分离；步行为特色的可以考虑打造独立的步行廊道等。

3.5　住区路网结构与交通流组织

按照居住区主要道路形态的不同，可将路网划分为：网格式路网、交叉式路网、线形路网、环形路网和“C 形”路网（图 3-2）。其中，环形路网又依据其环面积大小和环路所包含的用地功能的不同，划分为核心环路网、中环路网和外环路网；“C 形”路网随着演变过程也有三种形态，C1、C2、C3 形在讨论中统称为 C 形态路网。分类依据为住区路网的形态方面特征，具体分类如下。

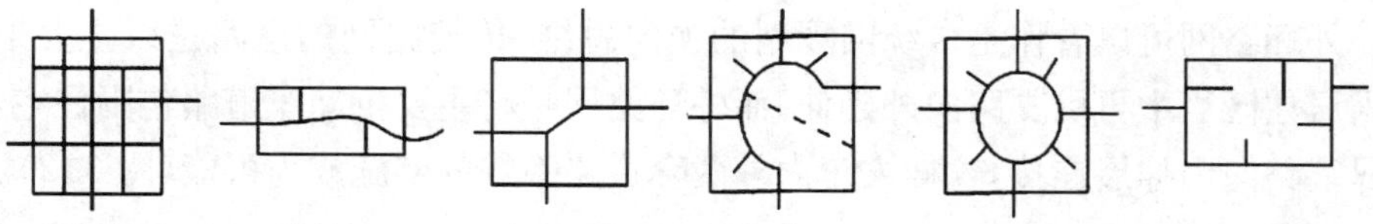

图 3-2　路网分类示意图

（资料来源：柴旭. 我国城市居住区内部交通问题规划策略初探[D]. 重庆：重庆大学，2005.）

3.5.1　网格路网

主要道路与次要道路均十字正交，道路线形平直，连接住宅的道路直接与主要道路连接，组团分区不明显。这种路网对住区覆盖均匀故而又是交通分布高度均质化的路网，四通八达的路网形式使得到达目的地的多种途径而减少交通阻塞，并缩短出行距离。

3.5.2 线形路网

主要道路为一条曲线或折线贯穿住区，两端自然形成住区的两个出入口，两个入口分别位于住区不同的方向上。这种路网一般用地狭长。住宅通过组团道路连接到主要道路上，主要道路交通导向性强，覆盖能力有限，所以这种路网大部分适用在有限的用地形状和用地规模条件下。

3.5.3 交叉路网

住区主要道路线形以非正交形式交叉在一起，交叉路口多以 T 形相交，组团划分明确，住宅通过组团道路以较少的出入口与主要道路连接。这种路网可以看作由若干线状路网叠加而成，路网覆盖程度比线状路网密集。

3.5.4 中环路网

这种路网由十字交叉路网发展而来，在十字交叉路口处演变为环路，环路中心因规模而异可设置绿地、广场、公建及部分住宅，周边主干路呈放射状连接到核心环路上，组团道路多连接到放射形道路上。环线承担疏散交通量的作用，其交通量比放射形主干道交通量小得多。主干道路由出入口至核心环呈递减趋势。

3.5.5 外环路网

外环路网可以看作是传统网规划的逆向思维，传统路网的思路是以主要道路插入居住区当中再以支路向外延伸，而外环路网是将主要机动车道路包围住宅，再以尽端路向内伸展连接，这样人车内外两套道路系统的实施成为可能(图 3-2)。

3.5.6 “C 形”路网

C 形路网的初则形态也就是 C1、C2 形，也可以看作是线形路网的变形，对于用地方正、规模较大的居住区，线形路网显然靠一条主要道路覆盖程度是不够的，而靠增加组团路的长度来提高路网密度不利于交通疏导。所以，线形路网一方面变形发展成为几条线形主要道路交叉而成的交叉路网，另一方面变形为 C 形路网。

C1 形近似于 90 度折线，依然保持两个出入口，不过增加步行黄线和步行专用出口一个；

C2 形干道线形更加弯曲，近似于圆弧的一部分；

C3 形路网为了使用于规模更大的小区增加了出入口数量，以出入口道路与环线相连。

这种“C 形”路网在形象上，也可以看作“中环式路网”切掉部分环线。但功能上却完全不同，因为 C 形路网的主要道路不具备协调转移交通的功能。“C 形”路网的突出特征是：无一例外地在“C 形”开口方向与车行道垂直设计了步行专用道（图 3-3）。当然，其他类型路网也都在不同程度设置有步行专用道。

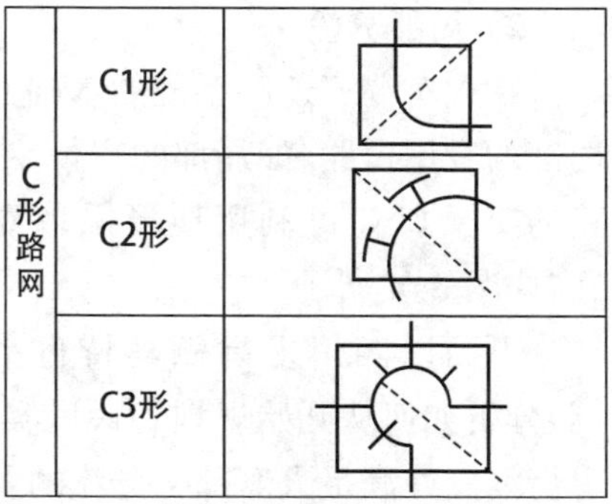

图 3-3　“C 形”路网几种形式

（资料来源：柴旭. 我国城市居住区内部交通问题规划策略初探[D]. 重庆：重庆大学，2005.）

3.6　住区交通模式与交通流组织

我国居住区交通规划经历了五十余年的发展，其设计水平、管理水平都有了相当的提高。居住区交通模式主要可以概括为以下三种，即“人车共存，分级组成道路网”“人车部分分流，局部设置专用道路”和“人车完全分流”。

3.6.1　人车共存

第一种交通模式是人车共存，分级组成道路网。居住区内各级道路具有各自不同的功能，具有不同的服务区域和交通特征。城市干路，包括快速路、主次干路，起到“通”的作用，服务范围广，通行速度较高，交通量较大；居住街坊内的附属道路，主要起“达”的作用，专为街坊小区域服务，负担出入交通，车行速度低，交通量小；居住区内的城市支路，也是居住区的骨架道路，兼起“通”与“达”的作用，负责收集产生于各居住街坊的出入交通，并输送进干路或其他城市支路，起交通聚散的作用。

3.6.2　人车部分分流

第二种交通模式是人车部分分流，局部设置专用道路。有两种类型，一是通过道路断面进行分流，二是通过交通组织进行人车分流。

1）道路断面分流

在居住区道路横断面上对机动车、非机动车和行人进行分离而形成的一种人车适时分行的道路交通方式。

2）局部分流

在人车混行道路系统的基础上，于住宅和小区出入口、公建、绿地等之间设置局部的专用道路(如局部的步行专用路、自行车专用路等)。在专用道路与混行道路的交叉口处可利用地形采取立体交叉，如图 3-4 所示。

下面以四川平昌驷马特色小镇为例，分析如何从开始规划到最后实施，实现街区制并满足人车部分分流的要求。

驷马特色小镇规划范围西至四川巴中到达州的巴达高速公路、202 省道和杨家沟，东接曾家塝、石庙梁，北到高坑河、狮子坝，南至葫芦咀，总用地约 2.27 km^2，相当于一个居住区的规模。作为我国的一般镇，规模小，封闭小区的思潮尚未延伸至此，因此，在特色小镇规划中，采用开放的街区制也得到当地居民的认可。

图 3-4　重庆皇冠东河花园，人车部分分流

（资料来源：柴旭. 我国城市居住区内部交通问题规划策略初探[D]. 重庆：重庆大学，2005. ）

经过 GIS 高程分析和综合策划，驷马的洪水淹没线范围为 66.94 hm^2。以退为进，这些区域不能作为规划建设用地，但是可以作为非常好的滨水步行空间。

驷马水乡规划总体上形成“一心、二廊、五组团”的整体结构布局。一心：在高坑河与花溪河汇流处的万家坝区域，形成具有山水田园风情的滨水活动中心。二廊：即沿高坑河与花溪河形成的两条沿河景观轴线，打造滨水生态长廊，自北向南纵贯整个基地。五组团：规划形成商业中心组团、游乐度假组团、新民居示范组团、旅游商住组团和工业产业组团五个组团。

根据驷马特色小镇的总体功能定位，划分各个功能片区。主要有古街婚庆服务区、旅游接待区、商务度假疗养区、生态旅游区、商业服务区、文化展示区、湿地体验区、娱乐中心区、滨水休闲区、高尚住宅区、新民居住宅区、配套服务区、田园风光区以及工业产业区。整体功能定位合理、组织有序，依托内部游览主线路，串联成一体，构建成驷马特色小镇的业态框架。如图 3-5 所示。

道路交通规划原则：①合理构筑驷马水乡交通骨架，处理好对外交通的关系，加强与周边县市的交通联系。②优化小镇交通组织形式，倡导公共交通优先和加强步行系统。以 202 省道作为主要对外交通通道，并规划一处长途客运站，解决驷

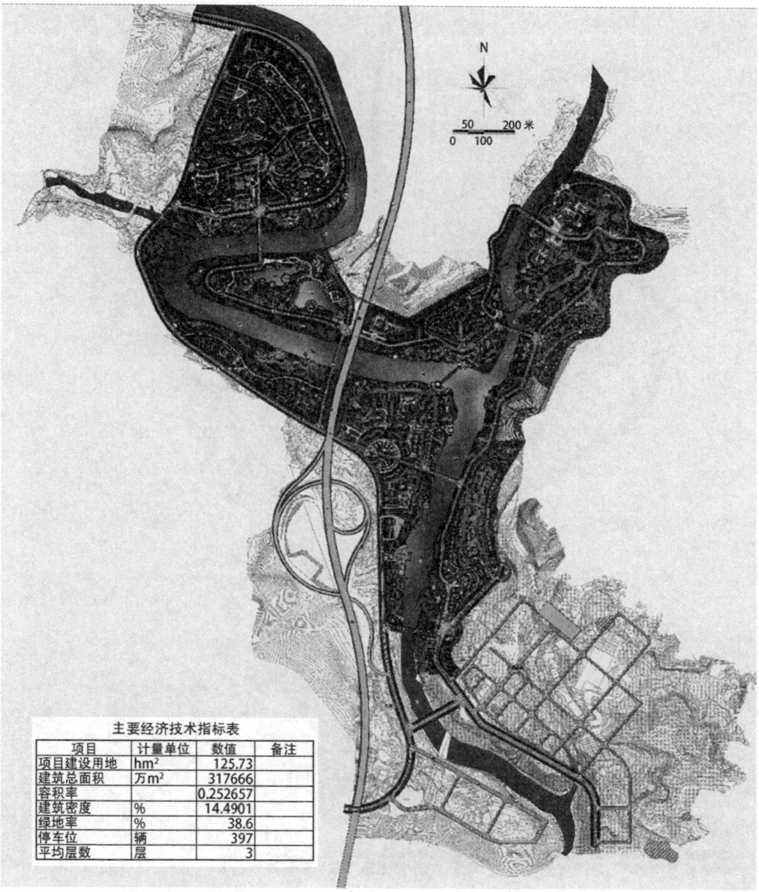

主要经济技术指标表

项目	计量单位	数值	备注
项目建设用地	hm^2	125.73	
建筑总面积	万 m^2	317666	
容积率		0.252657	
建筑密度	%	14.4901	
绿地率	%	38.6	
停车位	辆	397	
平均层数	层	3	

图 3-5　四川省平昌驷马特色小镇起步区修建性详细规划总平面图

（资料来源：四川省平昌驷马特色小镇修建性详细规划，上海同济城市规划设计研究院，汤宇卿等，2014.12）

马小镇居民与镇区和县城的联系问题。

规划形成“一廊、一绕、六联、多环”的道路系统。一廊：规划巴达高速公路自北向南一穿而过，高速出入口通过匝道连接现状 202 省道，可方便抵达基地的各个片区。一绕：在高坑河东侧规划一条宽 18 m 的干道(现状部分 12.5 m)，与 202 省道连接成环路，沟通各个片区。六联：规划六座车行桥(含现状两座)，使主要道路联通成环，为居民游客提供便捷舒适的道路系统。多环：各个组团内的支路结合地形各自构成环路体系(图 3-6)。

目前，该项目已经实施完成，驷马特色小镇也被评为全国第二批特色小镇四川省上报的七个特色小镇之一，运行效果良好。如图 3-7 所示。

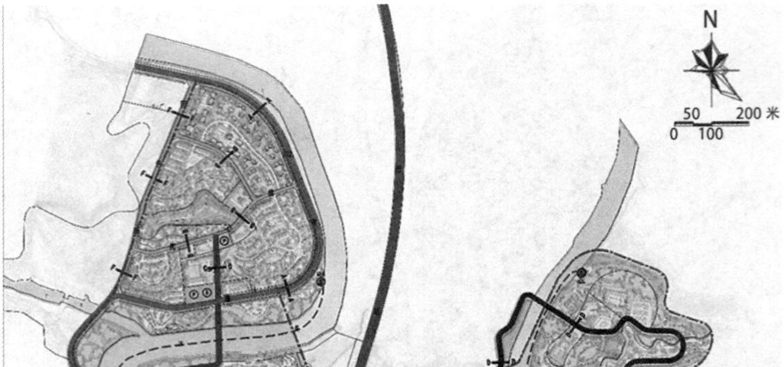

图 3-6　四川省平昌县驷马特色小镇起步区道路交通规划图

（资料来源：四川省平昌驷马特色小镇修建性详细规划，上海同济城市规划设计研究院，汤宇卿等，2014.12）

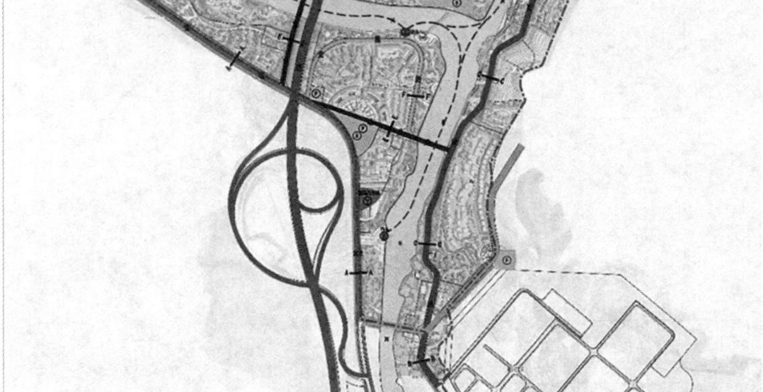

图 3-7　四川省平昌县驷马特色小镇起步区整体规划效果图

（资料来源：四川省平昌驷马特色小镇修建性详细规划，上海同济城市规划设计研究院，汤宇卿等，2014.12）

3.6.3　人车完全分流

人车完全分流包括平面系统分流、内外分流和立体分流等。

1) 平面系统分流

通过对道路的专门化使用，建立各成系统的专用道路网络，引导各种交通各行其道，互不干扰，从而建构宏观层面上的人车分流体系。

以青岛市黄岛区长江路居住示范区为例，居住区内部有四条城市道路，其中两条为城市次干道，两条为城市支路。四条道路将基地分成 5 块，南片由南侧三块组成，北片由北侧两块组成，面积分别为 43.5 hm^2 和 45.9 hm^2，南片沿长江路规划公共设施区，总用地面积 6.3 hm^2。合计用地面积 95.7 hm^2。

由于该区域的居民主要为当地四个村庄的拆迁安置的村民，他们历来没有封闭住区的需求；其次是周边大中型企业租住于此的职工，也没有封闭住区的需求；通过调查，其他拟入驻的居民对于住区是否封闭也无所谓。同时，如图 3-8 所示，

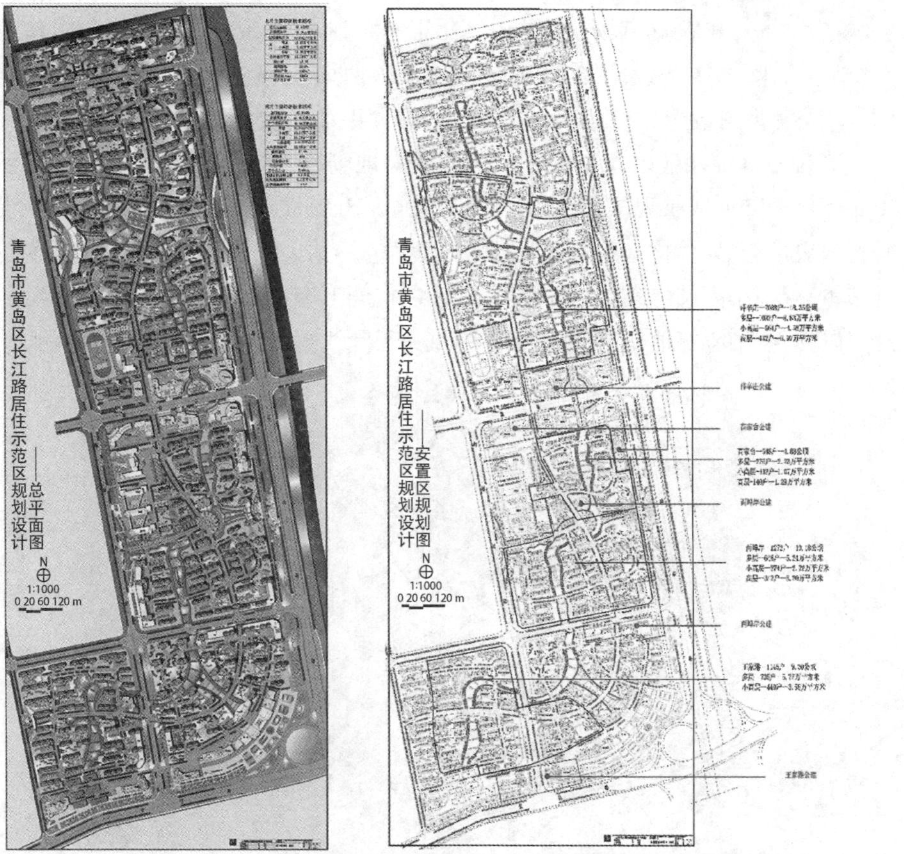

图 3-8　青岛市黄岛区长江路居住示范区规划总平面图、安置区规划图

（资料来源：青岛市黄岛区长江路居住区示范区规划设计，上海同济城市规划设计研究院，汤宇卿等，2006.7）

可以看到北部街区面积非常小，住户少，如果封闭进行物业管理，针对这些住户，收取的物业管理费肯定远远无法偿付物业管理的支出，肯定亏本；相反，中间街坊如进行封闭物业管理肯定盈利，二者之间也无法搭配和掺和。因此，以用户为导向，规划采取开放住区的模式。

通过住区向城市开放，达成住区内部空间与外部城市空间的互动。总体平面布局采用自由的弧线形住区主要道路贯穿居住区南北，整个居住区围绕这一主轴展开。住区中心通过建筑布局围合空间，形成大面积带形的绿地，并以绿地为主线，联系周边组团和建筑。规划中结合南北住区中心大规模集中绿地，形成东西向的步行绿化景观轴线，以打造“出门见绿”的生态型人居环境。在将城市景观借入住区，增加住户居民景观视线的“景深”的同时，也拓展了城市街道空间的内涵，将生活空间渗透到街面，增加了街道的生活气息，极大地丰富了沿街立面的景观效果。

长江路沿线北侧为城市级的公共服务设施，包括商务办公、宾馆等，成为长江路公建带的向西延伸部分。富春江路两侧规划居住区级服务设施，包括医疗、商业、文化、办公和农贸市场，以及一个九年一贯制的学校，服务于整个居住示范区。5 min 生活圈的服务设施分别布置在两条东西向支路的两侧，各自规划两个幼儿园，小区会所内设老年活动及休息设施、青少年活动设施。

在中心绿地两端结合步行出入口，设置绿地广场、阳光草坡、景观花坛等，与住区的中心广场一同形成景观序列，从而增强了空间的戏剧性。公共空间引导和围合性强，空间态势更富有“人性化”，充满亲切温馨之“家”的感觉。在住区入口，城市道路交叉口附近布置高层、小高层，整体上形成高低相间的空间形态。高低相间、错落有致，使沿路景观得以强化，中心绿地得以最充分利用，城市天际线得以优化。如图 3-9 所示。

图 3-9　青岛市黄岛区长江路居住示范区规划鸟瞰图

（资料来源：青岛市黄岛区长江路居住区示范区规划设计，上海同济城市规划设计研究院，汤宇卿等，2006.7）

住区以东西两侧步行主入口和中心绿地形成的中央景观轴线为依托，在南北两片分别有融为一体、内容丰富的中央绿带。在组团和道路布置上也利于行人的进入和参与其中。中央绿地以弧线形的景观步道贯穿，进一步呼应住区的道路系统，增强空间的整体感与流动性。与东西流动性主要景观轴线相对比，南北向大型绿带连接各组团，沿线布置景观小品，将整个绿地系统连成一体。

道路系统规划分为车行系统和步行系统。车行道路系统分三级：住区道路、组团道路和宅间道路，宽度分别为 12 m，8 m 和 4 m。住区道路：车行道宽度为 6 m，两侧各有 3 m 宽的停车带。组团道路：车行道宽度 5 m，一侧设 3 m 宽的停车带(图 3-10)。步行系统与绿化系统结合，充分利用基地东西两侧的山体景观，在南北各规划一条东西向的步行绿化景观带(图 3-11)。

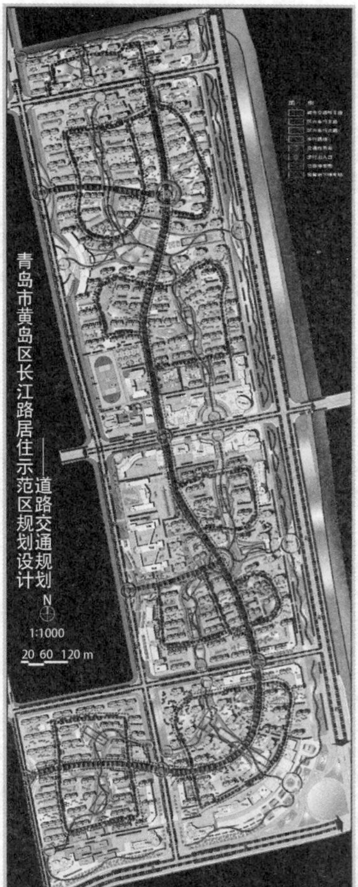

图 3-10　道路系统规划图

图 3-11　绿地系统规划图

(资料来源：青岛市黄岛区长江路居住区示范区规划设计，上海同济城市规划设计研究院，汤宇卿等，2006.7)

停车设施考虑布置在住区内主要道路的两侧，为路边平行停放模式。其中小区道路宽 12 m，车行道 6 m，两侧各 3 m 宽的停车位。组团道路宽 8 m，车行道 5 m，一侧留 3 m 宽的停车位。将来机动化水平的提高，可结合组团绿地和小区级绿地设置地下停车设施。

2）内外分流

这种模式以街坊为单元，组织周边式布局的住宅，核心为绿心或公共活动中心，机动交通系统从周边引入，步行交通系统居中，二者互不干扰，形成类似于“Radburn”体系的空间布局模式。

以“杭州市天都城二期规划设计”为例，天都城位于杭州东北部，处于“临平城”规划范围，是该副城通往主城之门户，是杭州未来重点建设的城市中心区块之一，总用地面积 3.6 km^2，为一个完整的居住区（图 3-12）。

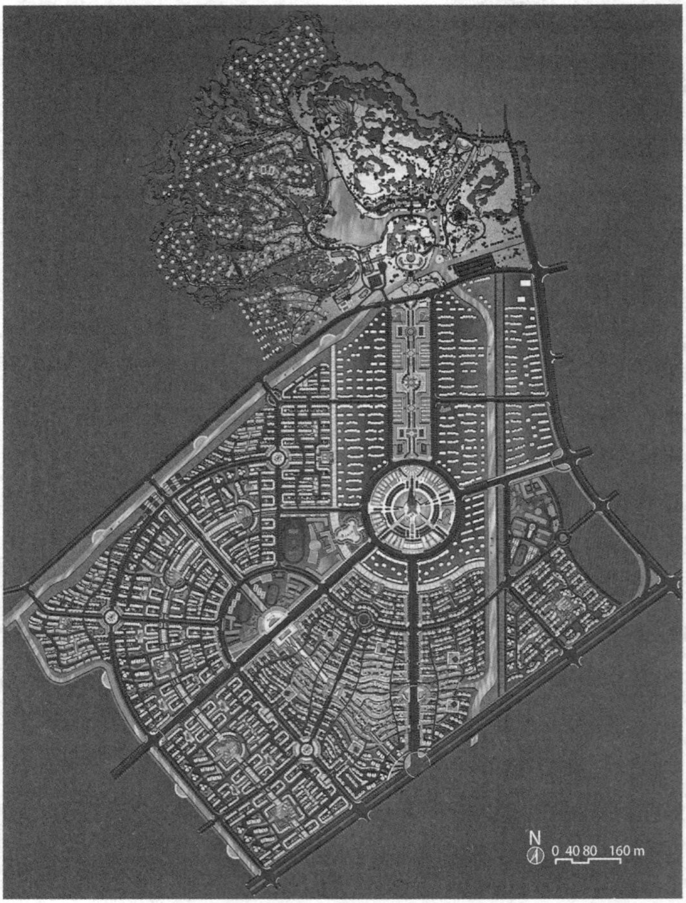

图 3-12　杭州市天都城总平面布局

（资料来源：杭州广厦天都城二期修建性详细规划，上海同济城市规划设计研究院，汤宇卿等，2005.12）

为了体现项目策划提出的“东方巴黎”的规划理念，天都城采用环状放射的路网形式，围绕居住区中心——天都广场展开，划分成多个居住街坊。由于整个居住区相对独立，采用统一管理的模式，内部各个居住街坊则不设围墙，形成开放式住区。各个街坊中心为集中活动空间，设置幼托、便利店等居住服务设施以及健身场所和绿化空间。周边以组团围合，各组团内部有相对独立和安静的绿化空间(图 3-13)。

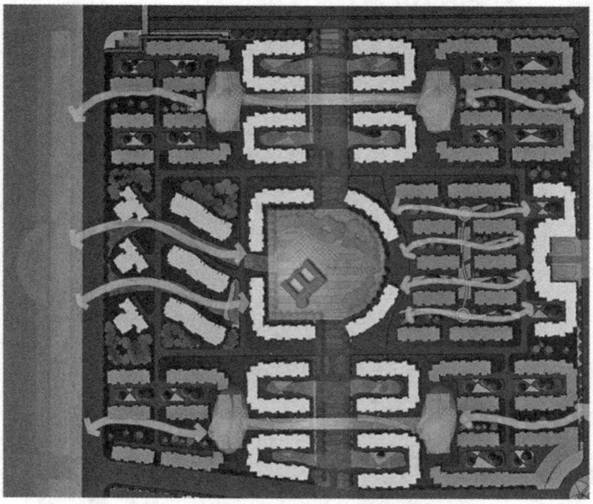

图 3-13　杭州市天都城街坊交通组织图

(资料来源：杭州市广厦天都城二期修建性详细规划，上海同济城市规划设计研究院，汤宇卿等，2006.12)

这样，天都城整体采用了人车分流的系统，慢行系统联系各个街坊的中心绿地、中央绿轴，形成贯穿各个街坊、不受机动交通干扰的绿网；车行系统与其分开，从另一个方向服务于各个居住组团(图 3-14)。

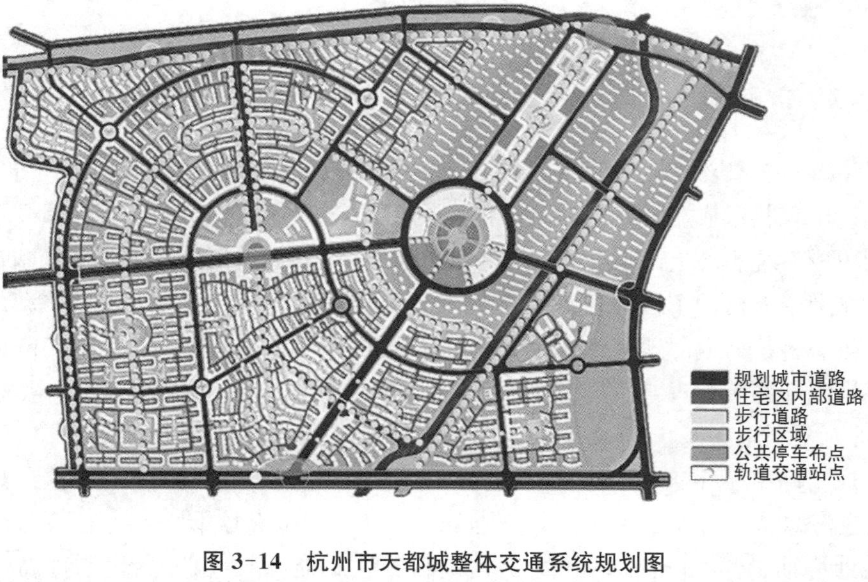

图 3-14　杭州市天都城整体交通系统规划图

(资料来源：杭州市广厦天都城二期修建性详细规划，上海同济城市规划设计研究院，汤宇卿等，2005.12)

3）立体分流

通过建设在不同空间层面上的道路系统以实现人车分行的目的，一般有两种情况：一是通过架空步行走廊，抬高步行平台，建设屋顶街道和天桥等进行分流，这种情况多用于新建小区的商业中心、商业街部分，起到了很好的人车分流效果，同时增强了中心的人气和凝聚力。二是通过将车行道和停车场嵌入地下（或半地下）的方式，或与城市的地下交通系统整合化建设的方式实现人车分流。

下面以“新加坡・南京生态科技岛竖向规划”为例，该岛位于南京市区西南部的长江之中，是长江中的一座洲岛，隶属于南京市建邺区，位于南京主城的边缘，东隔夹江与主城的 CBD——河西新城区相邻，西隔长江主航道与浦口新市区相望（图 3-15）。

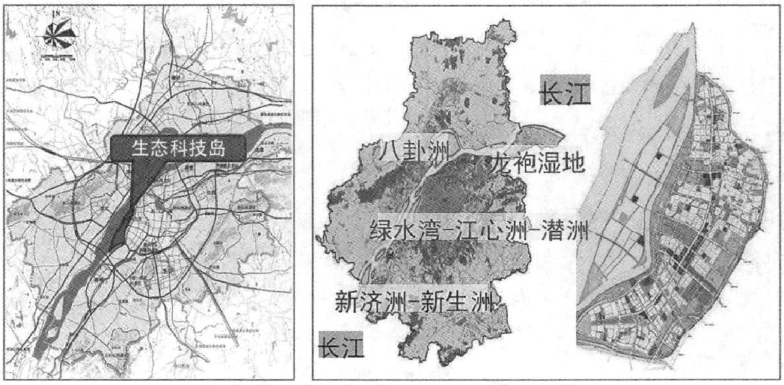

图 3-15　新加坡・南京生态科技岛区位图

（资料来源：新加坡.南京生态科技岛人车分流概念规划，上海同济城市规划设计研究院，汤宇卿等，2014.12）

生态科技岛对外交通联系主要依靠陆路——纬七路过江通道和水路—长江航道。岛上现状形成“两横三纵一环”的路网格局，道路宽度为 4～14 m，等级较低，路网不成系统。岛上尚未开通公交系统，居民在江心洲内部出行主要依靠摩托车、农用车及个人机动车辆等。

生态科技岛内部地势总体较为平缓，沿江的防洪堤高程最高，均在 11 m 以上，防洪堤内部区域高程普遍集中在 6～8 m 之间（图 3-16）。周边堤岸高、中间场地低，可充分利用高差，建立高架的人车分流系统，满足岛内的交通需求（图 3-17）。

规划确定了生态科技岛“一链、一廊、四轴、五岛、四中心”的发展结构。一链：生态绿链。一廊：快速公共交通廊道。四轴：青奥公园轴、纬七路地铁轴、文化港湾轴、智慧江畔轴。五岛：环保科技岛、新能源服务岛、文化创意岛、低碳体验岛、休闲旅游岛。四中心：环保研发核、枢纽服务中心创意文化港湾、夹江青奥中心。

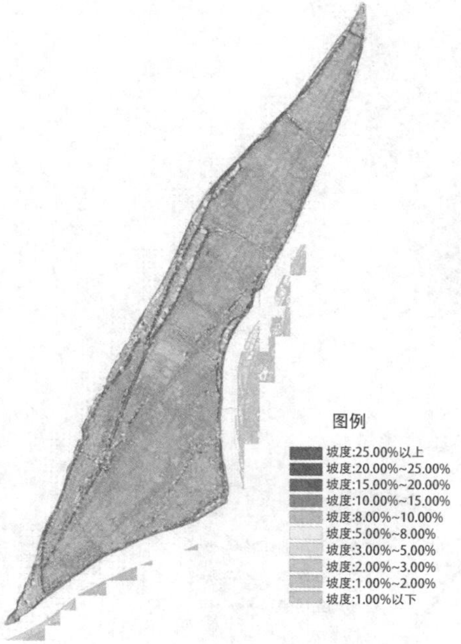

图 3-16　现状高程分析图

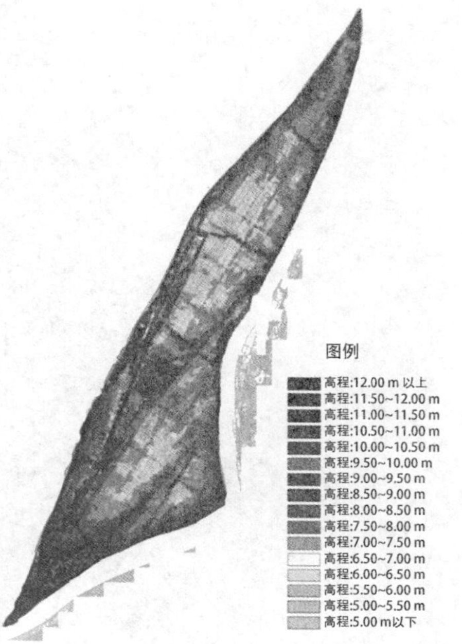

图 3-17　现状坡度分析图

(资料来源：新加坡·南京生态科技岛人车分流概念规划，上海同济城市规划设计研究院，汤宇卿等，2014.12)

规划生态岛上层完善慢行交通网络，与防洪堤齐平，可观赏长江江景，体现生态岛地域特色。高架步行道连续穿越商业建筑、各转换空间，并与城市主要枢纽相联系。公共空间与自有空间之间融为一体；步行系统网络化连接：覆盖面广，贯穿数个街区；步行系统边设有休闲、娱乐、餐饮等设施，提升其吸引力，成为生态岛重要的形象标志。

下层构建机动交通网络，提升生态岛整体效率。通过高架连廊将人行交通引到二层，地面全部通行机动交通，实现全面的人车立体分流的系统。尤其在人流量、车流量均较大的交叉口；机动车流连续或车流量较大的路段，如越江隧道、大桥出口处，高架路下匝道处；周边建筑紧邻交叉口，人流连通需求较大的相邻建筑物之间等更具成效。

在空间分流的基础上，慢行交通，充分衔接葡园路公交主轴，呈鱼骨状；机动交通，从环岛快速交通环线引出，呈梳子状。相互分离、穿插，从而构建生态岛的整体的立体交通网络系统。如图 3-18—图 3-20 所示。

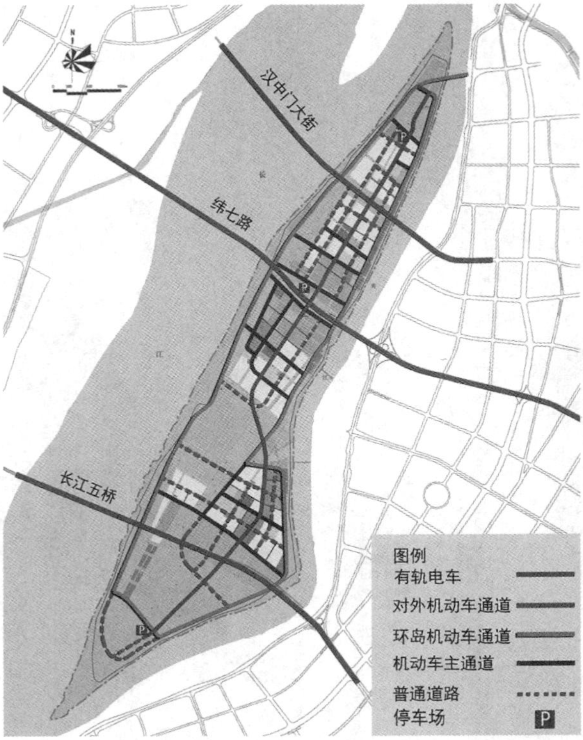

图 3-18　新加坡·南京生态科技岛交通系统图

（资料来源：新加坡·南京生态科技岛人车分流概念规划，上海同济城市规划设计研究院，汤宇卿等，2014.12）

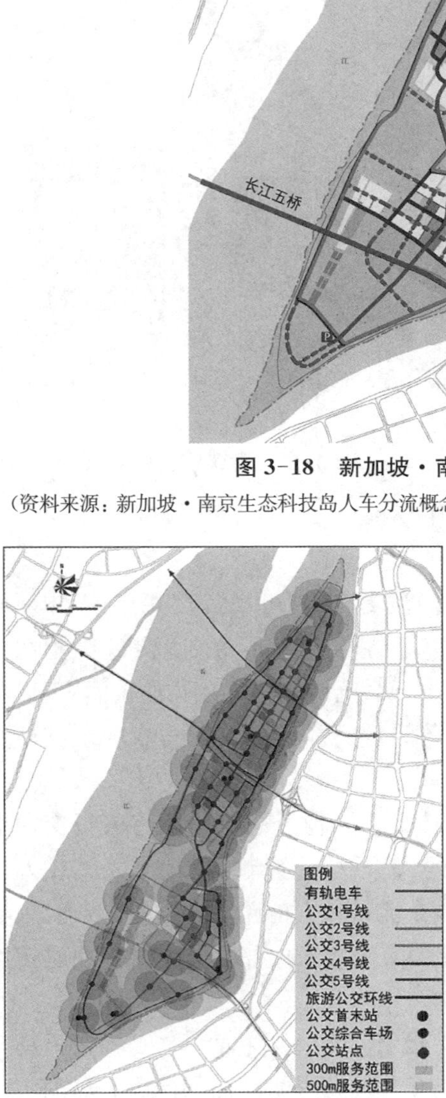

图 3-19　公共交通组织优化图

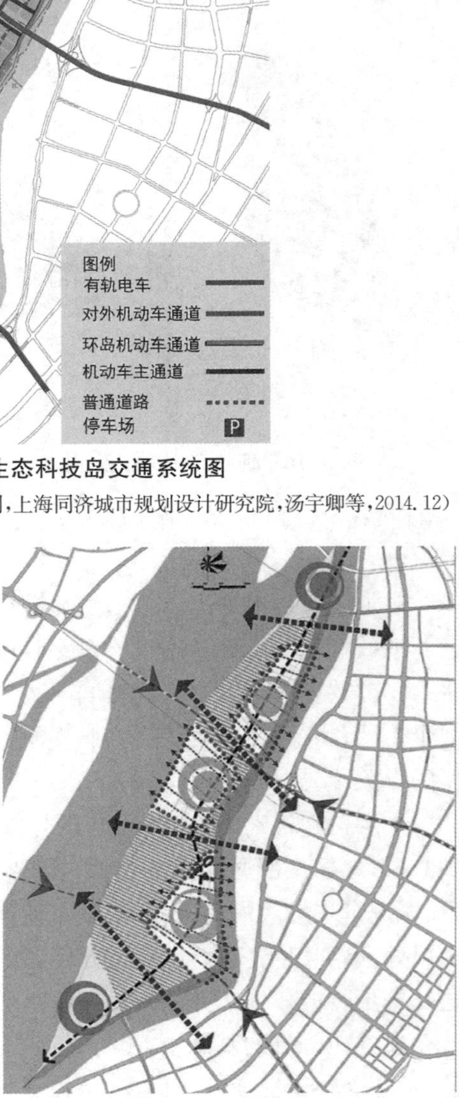

图 3-20　立体交通系统结构图

（资料来源：新加坡·南京生态科技岛人车分流概念规划，上海同济城市规划设计研究院，汤宇卿等，2014.12）

根据生态科技岛控规中的土地使用规划，将全岛分为中部核心区、南部住宅区、北部住宅区和周边生态区四大功能区。本次规划针对每个分区的不同特点制定相应的、符合每个功能分区特点的人车分行策略。

中部核心区：主要采用人车立体分流的模式，利用空中连廊在核心区内部形成高架步行网络(图 3-21)。

图 3-21　中部核心区交通组织规划图

(资料来源：新加坡・南京生态科技岛人车分流概念规划，上海同济城市规划设计研究院，汤宇卿等，2014.12)

南部和北部住宅区：主要采用人车平面分流的模式，通过交通流线的组织，在平面内形成相对独立的车行系统和步行系统，使得两者间互不干扰。

周边生态区：采用人车点状分流的模式，在重要的交通节点、景观节点等处通过人造地形等进行人车立体分流(图 3-22)。

图 3-22　周边生态区交通组织规划图

(资料来源：新加坡・南京生态科技岛人车分流概念规划，上海同济城市规划设计研究院，汤宇卿等，2014.12)

3.7 住区管理模式与交通流组织

目前大量的住区的管理采用封闭的模式，由于开放的住区，可以有效增加路网密度，分散交通流，提升交通效率；分散商业等服务设施，提升住区的便利性；缩短步行到站距离，提升公共交通的吸引力；促进邻里交往，引导社会和谐等优点，近年来有不少住区的规划设计中融合了开放式街区制的设计理念，对新时代新背景下的中国住区管理模式和发展做了有益的探索。传统的封闭住区改良后变成了开放式住区，有很多实践的经验可以总结。

3.7.1 开放式住区

1）景观导向：金华湖海塘——面向景区，开放增值

金华文化底蕴深厚、经济实力强、山清水秀、旅游资源丰富；但由于资源比较分散、产业层级较低、各地特色差异较大，所以城市印象比较模糊，对此，当下的金华，需要进行资源的整合，提升城市的能级；产业结构的调整，转变经济发展模式；提高城市辨识度，塑造城市形象，打造城市名片。

规划区域金华城南新区的核心，是城市高端生活配套服务区，旅游目的集散地，宜居宜旅的形象展示区。依托湖海塘片区的优势，从生活链与生态链双轮驱动诠释湖海塘的主题定位。生活服务设施链、旅游服务产业链助推实现区域产业的转型与升级，从城市居住片区跃升成为金华城市发展的“生活服务区”与“城市会客厅”。

湖海塘片区作为强劲吸引力的旅游目的地，年旅游接待量约 300 万人次，年创收可达 15 亿元。基于其区位与交通优势，作为强力的旅游辐射源，突出湖海塘片区的旅游集散功能，带动大金华的旅游发展，加速城市能级提升。

以湖海塘片区发展为契机，优化产业结构，突破单一的土地收益模式，为金华市带来持续增长的税收收益。初步预估，本项目的建设，可直接创造约 800 亿元国内生产总值，带给地方利税约 80 亿元。创造就业岗位，依据旅游区每一万游客日创造 19 个就业机会的相关经验，仅湖海塘片区可创造约 5 700 个就业机会，成为经济发展的助推器。

湖海塘片区的规划以金华城市的实际需求为宗旨，将从城市能级提升、产业结构调整、城市名片塑造三个方向进行深入设计。从空间布局而言，如果设置围墙，就人为阻隔了居住区与滨湖景区的联系，不利于景观住区的构建。因此，由于毗临景区的原因，住区采用了开放式的布局，与滨湖景区融为一体，便于住区居民充分享受滨湖景观资源（图 3-23、图 3-24）。

图 3-23　金华湖海塘总平面图

（资料来源：金华湖海塘片区城市设计，上海同济城市规划设计研究院，汤宇卿等，2014.8）

图 3-24　金华湖海塘片区城市设计效果图

（资料来源：金华湖海塘片区城市设计，上海同济城市规划设计研究院，汤宇卿等，2014.8）

规划强化“传承、公共、共享与创新”理念，方案重点突出 4 大亮点：

显山露水：公园遵循城市绿化骨架，湖海塘北面背靠主城，东、西两翼规划新城，保证南部开敞，直面南山，半围合的空间设计，打造金华显山露水的城市客厅。借南山、城区之景，预留空间视廊，实现“一山一水一园”景观的共享。

有机统一：以湖为躯体、水为血脉、园为五脏，共同构建一个充满活力的整体结构，注入文化的灵魂元素，使其成为一个完整的有机体。

功能复合：在城市公园基本功能的基础上，又集聚休闲娱乐、运动健身、文化展示、旅游服务等诸多设施，突显聚集效益，提升整体知名度。

网络生态：传承并沿袭金华城市绿脉相间的肌理，构筑生态要素交织、游憩廊道贯穿的网络型滨水空间。

结合“山、水、城”之纽带，规划将形成“一湖、一环、两区、五园、多廊”的空间格局。一湖：以湖海塘作为片区的核心。一环：滨湖景观环。两区：湖东静区，湖西动区，两区结合，动静相宜。五园：八婺文化、生态湿地、运动休闲、旅游度假、“公园城”生态社区等五大主题公园环湖而立，以水脉串联，共享湖滨景观。多廊：利用湖水的渗透将景观导入各片区，形成“城在水中，水在城中”的生态格局，通过生态廊道，做到人和自然的完美融合(图 3-25)。

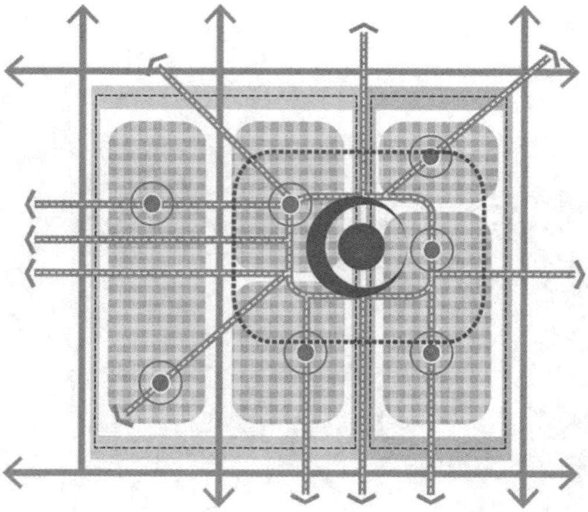

图 3-25　功能结构规划图

(资料来源：金华湖海塘片区城市设计，上海同济城市规划设计研究院，汤宇卿等，2014.8)

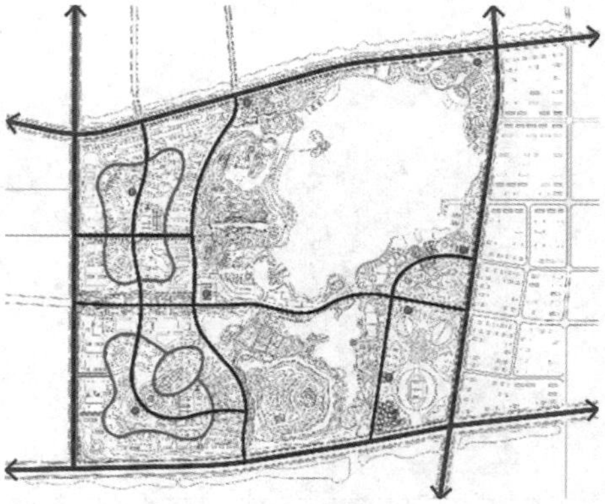

图 3-26　道路系统规划图

(资料来源：金华湖海塘片区城市设计，上海同济城市规划设计研究院，汤宇卿等，2014.8)

公园设置的 5 个主入口与多个次级出入口，并在入口处规划相应停车场，引导旅游大巴与自驾车游客换成区内公共交通和慢性交通，减少对景区干扰，减轻景区交通压力(图 3-26)。

以环湖慢行景观道为主线，串联各具特色的功能区块，并与其内部的慢行景观路网全面沟通，步移景异、曲径通幽，构筑景观丰富的慢行系统(图 3-27)。

2）现实导向：滦南北河新区——面向实际，开放融通

北河新区远期用地约 6.28 km^2，其中居住用地约 2.13 km^2，按人均居住用地面积 36 m^2 计算，可容纳人口规模约为 6 万人。规划充分利用北河这一自然资源，将北河新区建设成一个“滨河新区”，通过对新区内部自然水系的梳理，形成与北河共同构成的环状水网，塑造一江春水穿城而过的空间特色。结合水系设置人性化的公共活动空间，构建良好的生存、生活环境，打造滦南的“城市形象名片”，使之成为环境良好、充满灵气与活力的城市建设典范。结合滦县的现状，城市规模不大，历来住区基本都是开放的，过大封闭住区不适合当地的实际情况。所以在 2010 年左右的新区建设中，规划确定了 300 m×300 m 尺度大小接近中街区的居住区规划格局(图 3-28)。

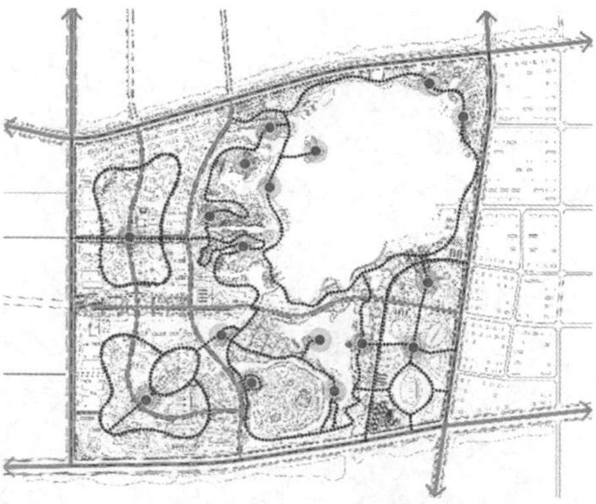

图 3-27　慢行系统规划图

(资料来源：金华湖海塘片区城市设计，上海同济城市规划设计研究院，汤宇卿等，2014.8)

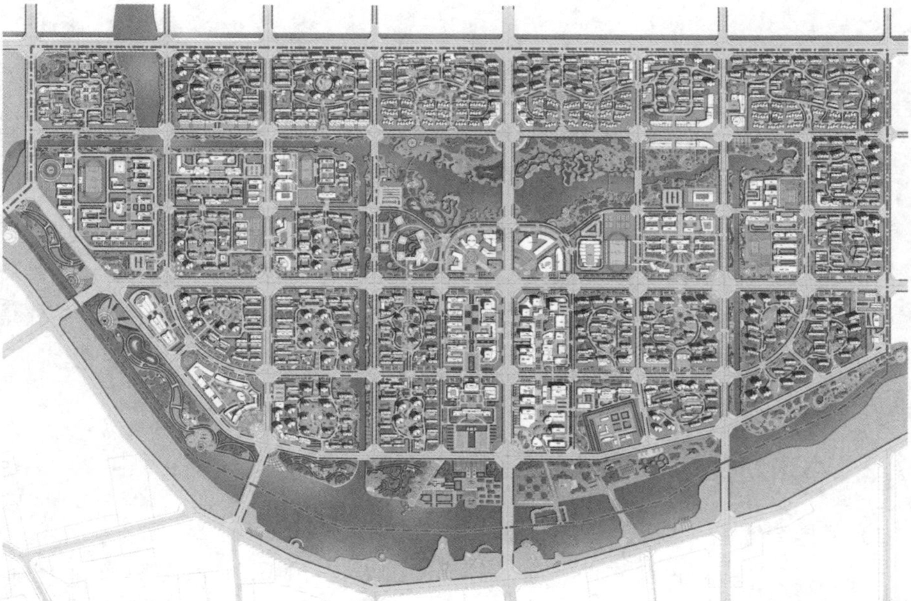

图 3-28　滦南北河新区空间布局图

(资料来源：河北滦南北河新区控制性详细规划、城市设计和启动区修建性详细规划，上海同济城市规划设计研究院，汤宇卿等，2010.10)

北河新区规划布局中强调功能复合，融行政办公、商业服务、文化体育、休闲娱乐、生活居住及配套服务等多种功能于一体，承担着县级行政中心、文化体育中心等核心职能。北河新区形成了中部为公共中心区、两侧为综合居住区、西部为职教中心和老年公寓区的空间布局(图 3-29)。

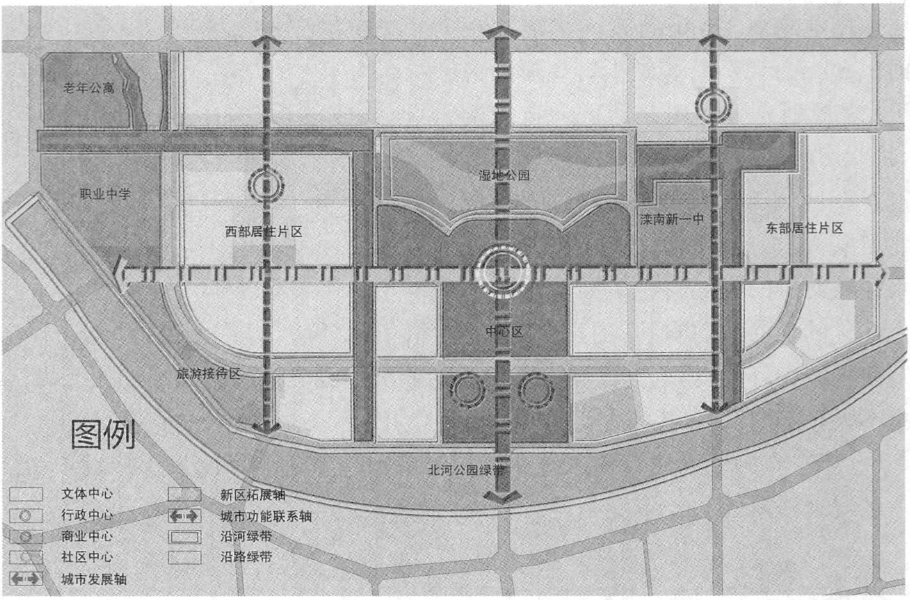

图 3-29　滦南北河新区功能与布局图

(资料来源：河北滦南北河新区控制性详细规划、城市设计和启动区修建性详细规划，上海同济城市规划设计研究院，汤宇卿等，2010.10)

规划区域的容积率控制以交通可达性为主要依据，交通可达性越高的区域容积率越高。建筑高度沿北河形成高低错落的轮廓线，围绕中央公园，形成外高内低的空间格局。从而使整体的空间布局有机有序，实现将这里打造成为一个环境优美、绿色永续的生态新区；一处滨水游憩、休闲娱乐的理想之地；一片配套完善、品味高尚的聚居环境；一个现代时尚、凝聚活力的城市中心的目标(图 3-30)。

3.7.2　小街坊住区

1) 平昌金宝——新区中心，形成小街区

平昌县城在巴河北岸，由于地形因素，城市发展受限，因此，需要跨过巴河，发展巴河南岸的金宝新区，以此拓展城市空间。根据金宝新区的特点及与县城各组团的结构关系，整个规划区域形成“一轴四心四组团”的空间结构。通过沿黄滩坝大道、金宝大道、环城大道的城市发展轴贯穿整个新区(图 3-31、图 3-32)。

图 3-30　滦南北河新区总体效果图

（资料来源：河北滦南北河新区控制性详细规划、城市设计和启动区修建性详细规划，上海同济城市规划设计研究院，汤宇卿等，2010.10）

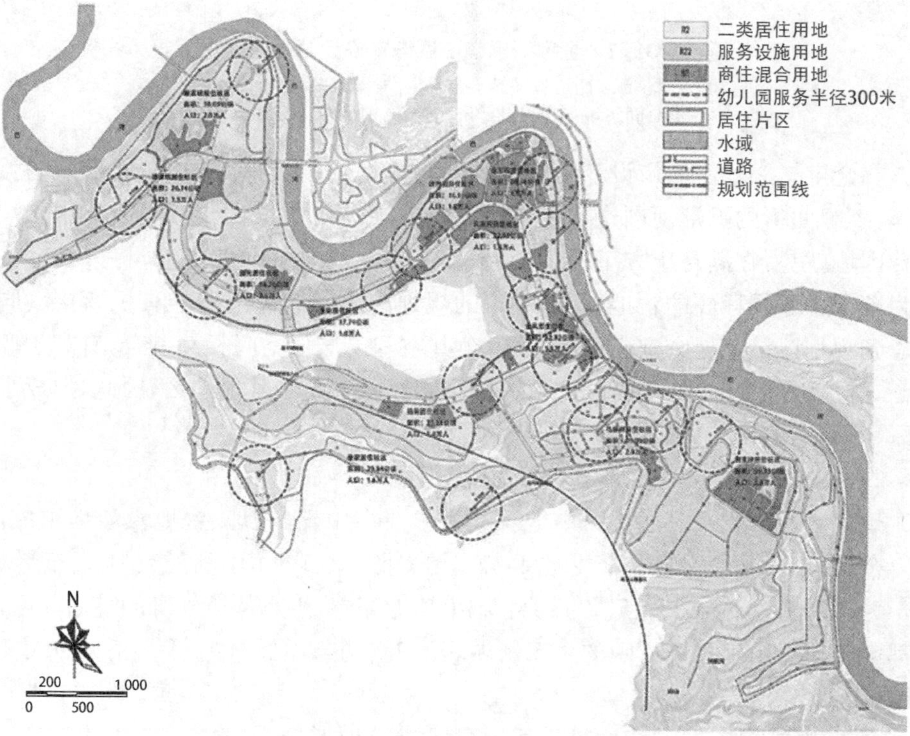

图 3-31　金宝新区居住用地规划图

（资料来源：四川省平昌县金宝组团核心片区城市设计，上海同济城市规划设计研究院，汤宇卿等，2015.12）

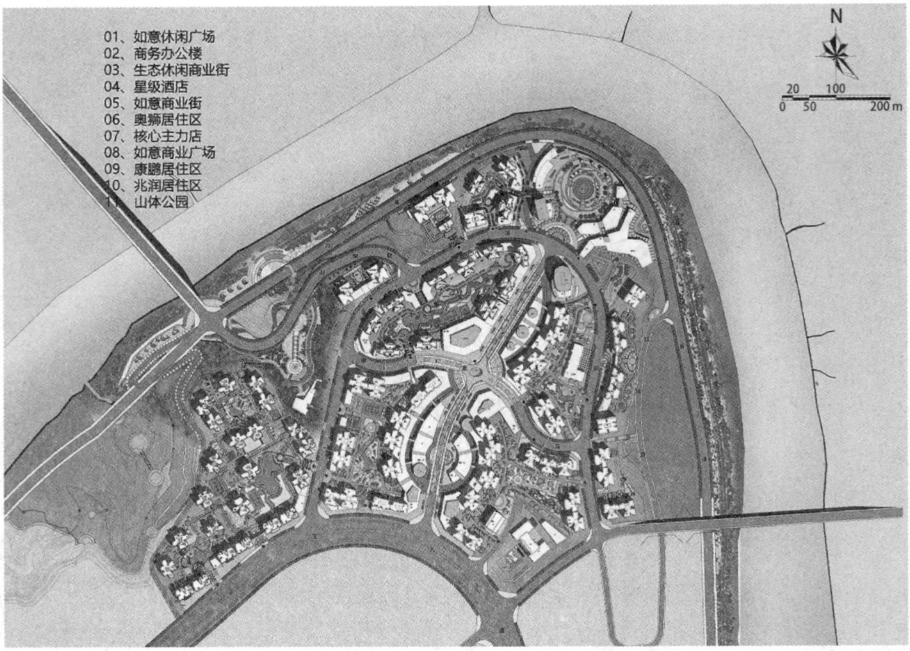

图 3-32　金宝新区核心区城市设计总平面图

（资料来源：四川省平昌县金宝组团核心片区城市设计，
上海同济城市规划设计研究院，汤宇卿等，2015.12）

在金宝核心片区城市设计中充分结合呼应地形的弧形路网，高低错落的弧形山体，蜿蜒曲折的弧形河网这些现状地形要素，将“弧形”符号融入设计之中。规划设计因坡就势，在满足土方工程量少，工程造价低的要求的前提下，将规划区域划分为若干个不同标高的台地，利于建筑的规划布局和周边道路的有机衔接。同时考虑到规划区域地处金宝新区核心区，公共空间与居住空间相互融合，有利于职住平衡，减少区际交通量，同时核心区一般路网密度要高于其他地区，因此，形成了小街区、密路网的格局（图 3-33）。

2）平昌黄滩坝——地形复杂，形成小街区

规划区四川省平昌县黄滩坝地貌类型主要由山丘、坡地、台地及洼地组成，地形复杂，由于背山面水，整个用地地势呈外（北）低、内（南）高的台地式布局（图 3-34）。规划将黄滩坝片区建设成为：城市功能完善，生态环境优美的魅力新区，现代都市与自然山水和谐辉映的生态新城，礼仪空间与山野林地舒缓变奏的人文和谐城区。

由于规划区域地形复杂，首先运用 GIS 进行地形分析，确定适建区域，避免大开大挖、“一刀切”等做法，合理划分台地，减少工程量，重点研究骨干道路系统与周边的衔接。

图 3-33　金宝新区核心区城市设计鸟瞰图

（资料来源：四川省平昌县金宝组团核心片区城市设计，
上海同济城市规划设计研究院，汤宇卿等，2015.12）

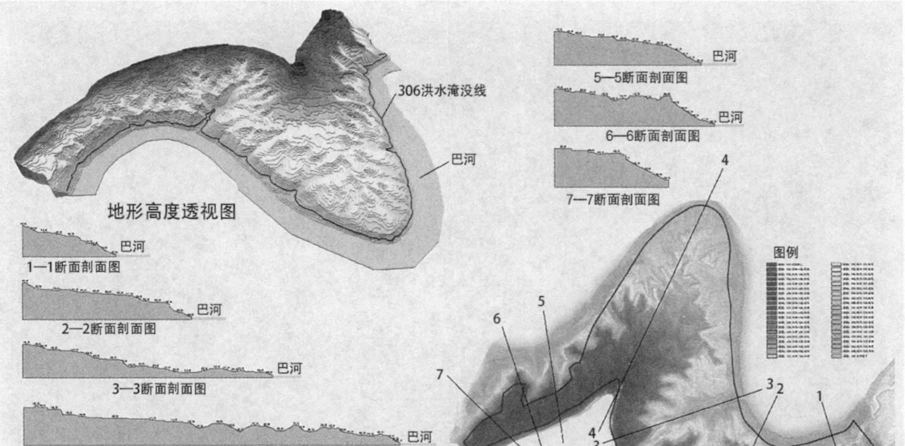

图 3-34　黄滩坝片区地形分析图

（资料来源：四川省平昌县黄滩坝组团控制性详细规划和城市设计，
上海同济城市规划设计研究院，汤宇卿等，2013.10）

沿黄滩坝大道规划的公共服务设施建筑，主要有巴河蜀街步行街、体育馆、学校、图书馆、展览馆及文化活动中心等，依托黄滩坝大道的建设，作为先期开设建设内容。沿巴河及山体主要为居住用地，满足对景观环境的要求。整体上，将基地划分为若干个不同高程的台地，车行系统盘山而上，以阶梯坡道为主的步行系统则可直上直下，从而实现全域人车分流；各个不同标高地块间留足绿化廊道，也是绿化散步道，构建成新区完善、高效、便捷的交通体系，达到“显山透绿”的规划目标。如图 3-35—图 3-39 所示。

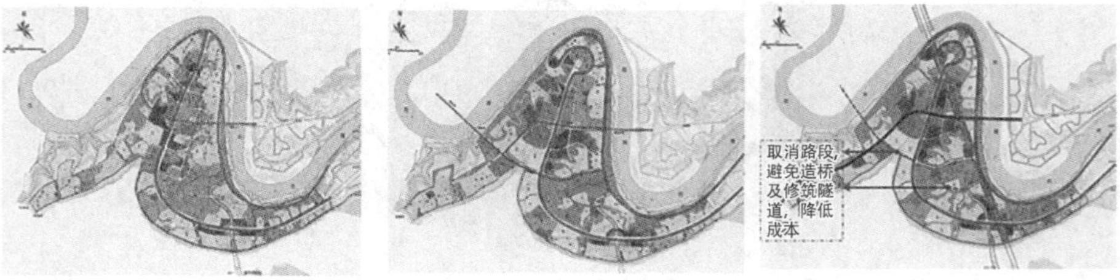

图 3-35　黄滩坝片区路网骨架方案的生成过程

（资料来源：四川省平昌县黄滩坝组团控制性详细规划和城市设计，
上海同济城市规划设计研究院，汤宇卿等，2013.10）

图 3-36　黄滩坝片区规划总平面图

（资料来源：四川省平昌县黄滩坝组团控制性详细规划和城市设计，
上海同济城市规划设计研究院，汤宇卿等，2013.10）

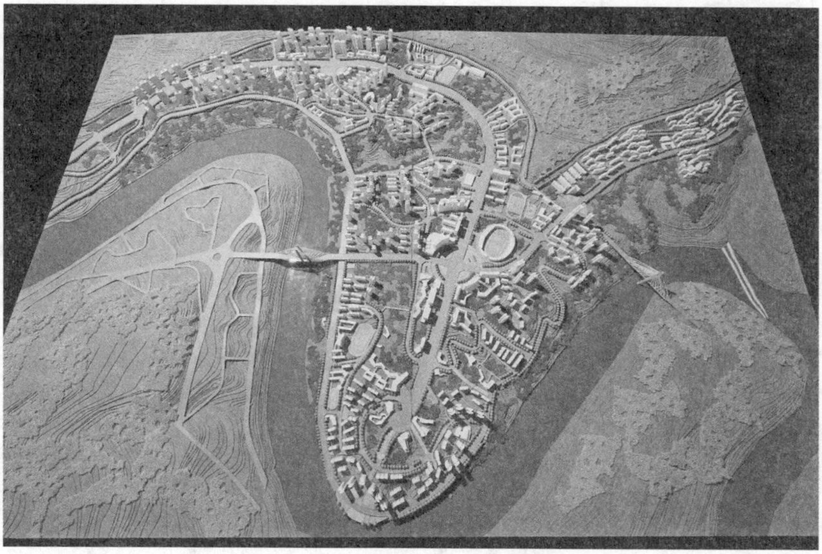

图 3-37　黄滩坝片区实体模型图

（资料来源：四川省平昌县黄滩坝组团控制性详细规划和城市设计，
上海同济城市规划设计研究院，汤宇卿等，2013.10）

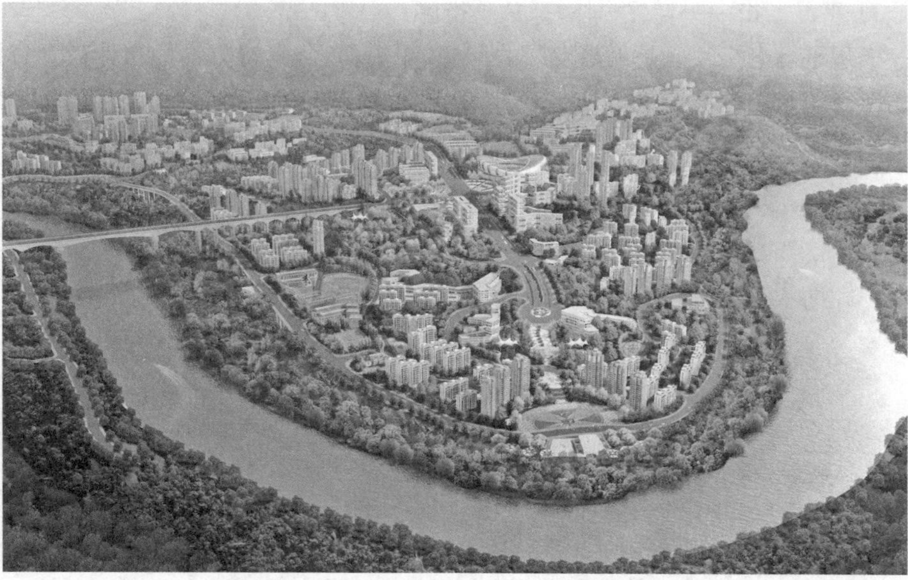

图 3-38　黄滩坝片区道路交通系统规划图

（资料来源：四川省平昌县黄滩坝组团控制性详细规划和城市设计，
上海同济城市规划设计研究院，汤宇卿等，2013.10）

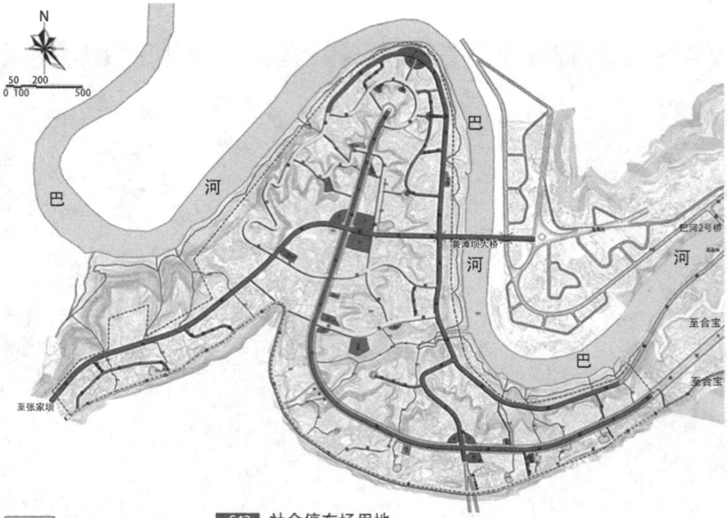

图 3-39　黄滩坝片区整体鸟瞰图

（资料来源：四川省平昌县黄滩坝组团控制性详细规划和城市设计，上海同济城市规划设计研究院，汤宇卿等，2013.10）

3）平昌老街——商住一体，开放小街区

四川平昌老街片区是平昌发展的渊源，靠山面水，具有丰富的自然景观资源。规划区现状为山地地形，整个地势东北高、西南低；南临巴河、通江，北依佛头山，呈台地式布局（图 3-40）。由南至北大致形成四个台面，层层抬高。最高高程点为

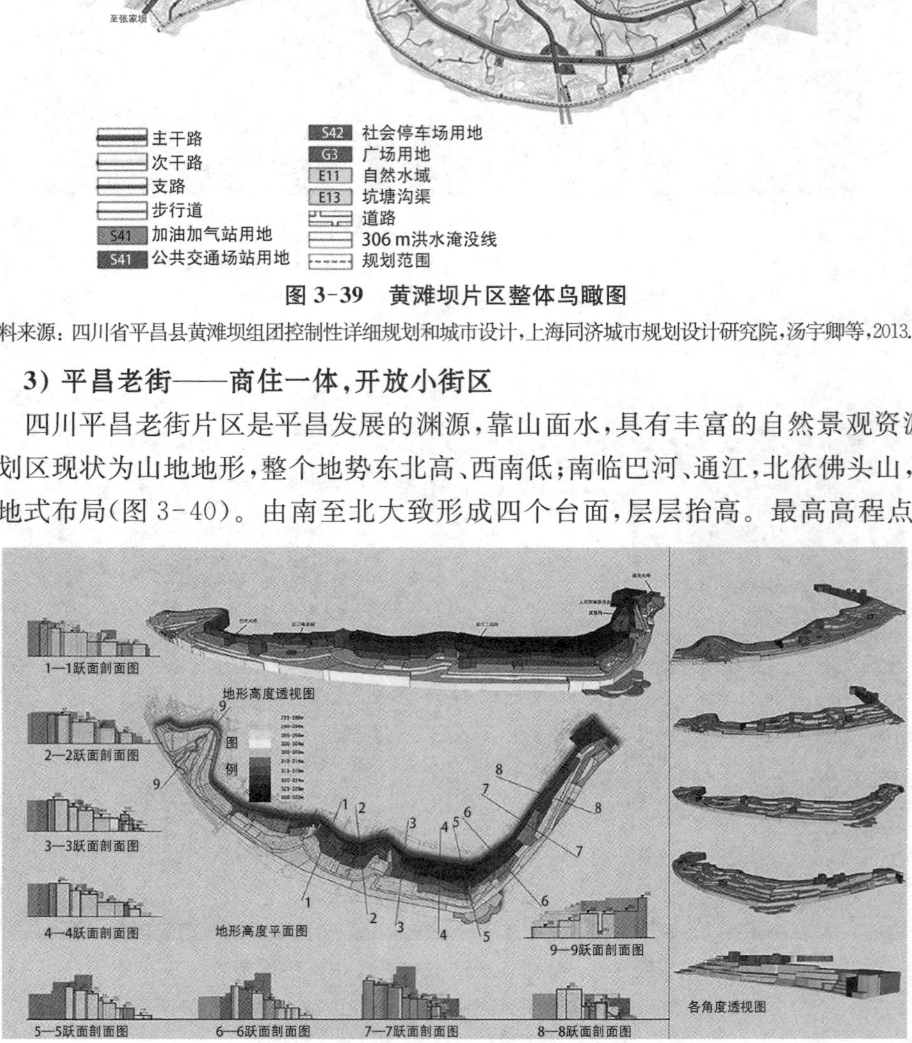

图 3-40　老街片区地形现状分析图

（资料来源：四川省平昌县老街片区修建性详细规划，上海同济城市规划设计研究院，汤宇卿等，2010.12）

330 m，最低高程点为 285 m，平均高程 310 m，南北最大高差达 45 m。

依据上位规划、历史条件及现状情况，可以看到老街片区是一个非常复杂的综合体，将它的功能定位为老城区新型滨河居住区、服务于县城的休闲旅游、集散中心。改造后的老街功能应该涵盖生活居住、教育、商业购物、休闲旅游和交通集散等多种综合功能，同时成为平昌县新的经济增长点和县城名片(图 3-41)。

图 3-41　老街片区总平面图

(资料来源：四川省平昌县老街片区修建性详细规划，上海同济城市规划设计研究院，汤宇卿等，2010.12)

在规划设计中，贯彻平昌县“江口水乡”国家级水利风景区的总体发展目标，遵循“艺术氛围商业化，商业设施景观化”的设计理念，体验“生活即休闲”的主题，打造一条具有平昌特色的、具艺术品位的商业步行街和沿江景观社区。

由于老街片区基本都采用商住综合体的形式，因此，住区无法封闭，自然形成开放小街区的形式。

由于规划区域沿巴河、通江正在进行防洪改造，准备从 300 m 的标高提升到 305 m。在规划之初，提出防洪堤 300～305 m 区域内移方案，在此区域规划车行系统和沿路停车系统。305 m 标高区域为步行系统，从而一方面节省了防洪堤改造的土方工程量；另一方面，增加了一条道路，实现了人车的立体分流。

平昌老城区分为四个不同标高的平台，老街片区为第一平台，与目前人口居住密度最高的第二平台之间有 50 m 左右的高差，而且两个平台之间有一段坡度接近于 90°的坡段，无法设置梯道。因此，结合现代技术，在此之间设置观光电梯，满足步行系统短捷的要求，从而形成车行系统盘旋而上，步行系统直上直下的交通格局。如图 3-42～图 3-44 所示。

图 3-42　老街片区特征区段剖面图

图 3-43　与上层平台的垂直交通联系

（资料来源：四川省平昌县老街片区修建性详细规划，上海同济城市规划设计研究院，汤宇卿等，2010.12）

图 3-44　老街片区人车立体分流整体空间效果图

（资料来源：四川省平昌县老街片区修建性详细规划，上海同济城市规划设计研究院，汤宇卿等，2010.12）

4) 泾县高铁站区——作为试点，推行小街区

自从 2016 年 2 月 6 日发布《中共中央、国务院关于进一步加强城市规划建设管理工作的若干意见》之后，各地纷纷响应，树立“窄马路、密路网”的城市道路布局

理念,倡导街区制,合福高铁泾县站新城区作为安徽省街区制的试点,以政策为导向,推行小街区的规划布局(图 3-45)。

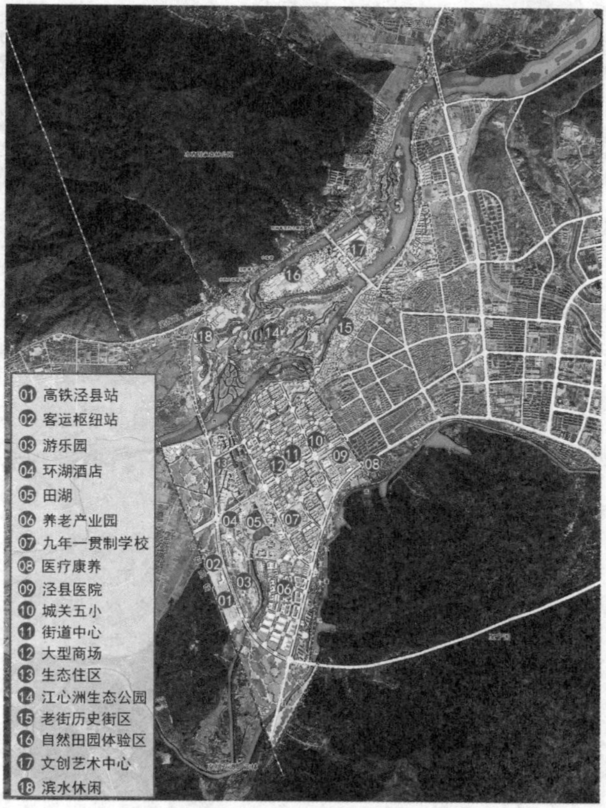

图 3-45　合福高铁泾县站新城区规划总平面图

(资料来源:合福高铁泾县站新城区控制性详细规划和城市设计,上海同济城市规划设计研究院,汤宇卿等,2019.8)

为此,规划布局结合小街区设计思想,将地块划分为若干个 150 m×120 m 的规模街区,同时,配套商业、公共服务等公共设施,构建 5 min、10 min、15 min 生活圈(图 3-46)。

规划强化与对外交通系统的有效衔接,充分考虑高铁站、长途汽车站的交通疏解,引出对外交通流。区域内部,通过小街区模式,有效分散机动交通流。由于泾县城市尺度不大,又有政策支持,小街区的推行与小城市的尺度得到有机结合。如图 3-47 所示。

聚焦于规划更多的慢行系统:以步行、自行车、电瓶车以及水上游船组成慢行景观游线系统,同时结合游线设置电瓶车、公共自行车停靠点,形成机动交通之外的生态慢行交通方式。三大层次游线:包括串接高铁枢纽站、南门历史老街、江心

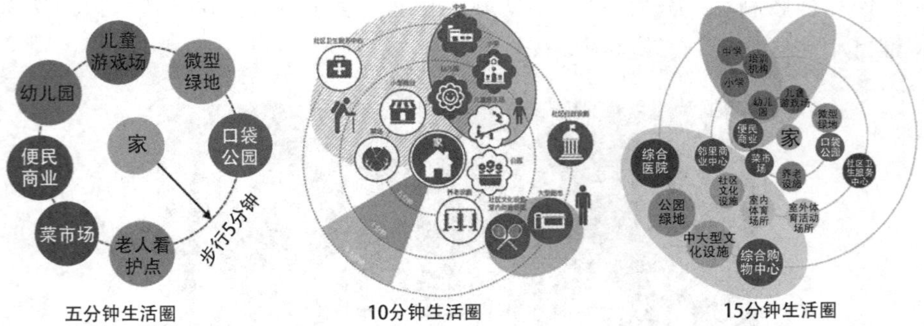

图 3-46　5 分钟、10 分钟、15 分钟生活圈示意图

（资料来源：合福高铁泾县站新城区控制性详细规划和城市设计，上海同济城市规划设计研究院，汤宇卿等，2019.8）

洲公园、滨江公园和水西双塔等主题景点的主要慢行游线；以滨江活动为主的滨水休闲游线；以观光游乐为主的青弋江水上景观游线。慢行景观游线系统的规划，串联了各个散布的景点，加强景点之间的联系性，完善了整个景观游览系统；同时也提供了更生态绿色的游览方式。如图 3-48、图 3-49 所示。

图 3-47　道路系统规划图

（资料来源：合福高铁泾县站新城区控制性详细规划和城市设计，上海同济城市规划设计研究院，汤宇卿等，2019.8）

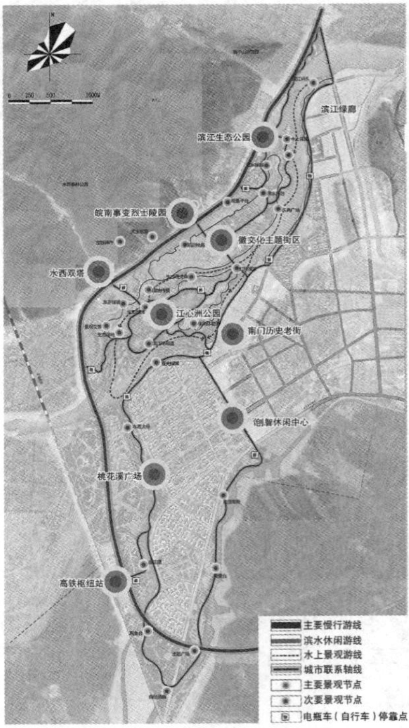

图 3-48　慢行系统衔接图

（资料来源：合福高铁泾县站新城区控制性详细规划和城市设计，上海同济城市规划设计研究院，汤宇卿等，2019.8）

图 3-49　合福高铁泾县站新城区规划鸟瞰

（资料来源：合福高铁泾县站新城区控制性详细规划和城市设计，
上海同济城市规划设计研究院，汤宇卿等，2019.8）

5）邯郸职教城——产城融合，规划小街区

邯郸职教城起步区位于邯郸市中心城区冀南新区中部，冀南新区与主城区之间的联系主要有：①中心城区道路网：包含高速公路有京港澳高速；国道有 107 国道；铁路有京广铁路；主干道有机场路、中华南大街。②轨道交通联系：冀南新区内规划有轨道交通 1 号线和 2 号线与主城区联系，其中轨道 2 号线经过职教城，且在起步区东南角设置站点。如图 3-50、图 3-51 所示。

职教城起步区规划结构为“一核二心、一轴二带、四区多点”。一核：指学校南部的体育中心、实训基地和国际交流中心，形成职教城起步区公共服务设施核；二心：位于学校中部的教学中心和位于居住片区中部的社区中心；一轴：中央景观轴，衔接学校和北部居住区，形成中轴线景观通廊；二带：串联学校各功能区的登造溪滨水景观带和连接学校与居住区间的景观带；四区：分别是指职教区、商业办公区、商住混合区和居住区；多点：在居住用地、职教用地和其他用地内部打造多个景观节点，形成完善的景观系统。如图 3-52 所示。

规划职教城起步区西北部为居住区，部分考虑原有村民的拆迁安置，村民对是否封闭管理没有需求，部分考虑教职员工的生活区，也全面接受了“若干意见”提出的开放式街区的思想，因此采用了小街区、密路网、开放式的布局模式。并与东南

图 3-50　邯郸职教城区位图

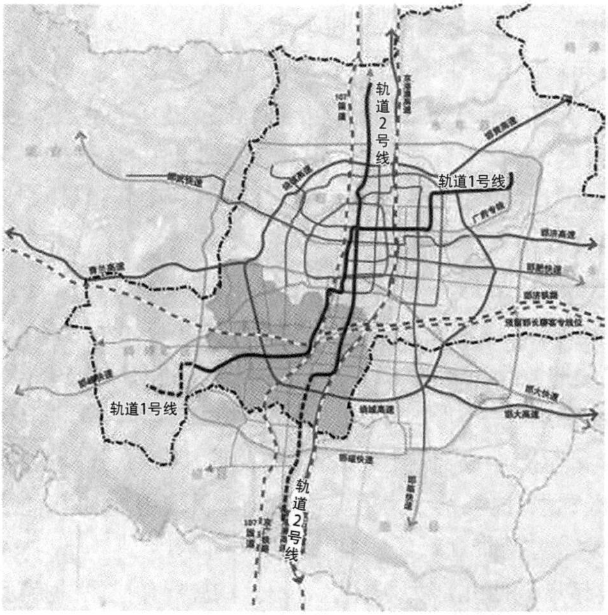

图 3-51　邯郸职教城轨道交通衔接图

（资料来源：邯郸职教城起步区控制性详细规划和城市设计，上海同济城市规划设计研究院，汤宇卿等，2018. 12）

图 3-52　邯郸职教城规划总平面图

（资料来源：邯郸职教城起步区控制性详细规划和城市设计，
上海同济城市规划设计研究院，汤宇卿等，2018.12）

部的校区紧密结合，在机动车道路系统的基础上规划慢行系统，包括自行车系统和步行系统，与校区的慢行系统融为一体。如图 3-53～图 3-55 所示。

6）宜州新城区——面向标准，打造小街区

宜州中心城区未来的空间发展战略为“东延、南拓、西接、北优”，本次规划范围位于金宜城市走廊的组团地块，是城市“东延、南拓”的重要支点。基地宜州新区距离东江综合客运枢纽约 50 km，距离河池机场约 80 km。宜州城区范围内规划两大综合客运枢纽，集高铁长途客运、快速公交、轨道交通、市内公共交通于一体的综合换乘枢纽。结合宜州南站建设宜州南综合客运枢纽，结合宜州站建设宜州综合客运枢纽。

规划对现有自然生态网络进行补缀与优化，修复自然生态因子，整合生态要素，以斑块、廊道和基地形成生态骨架，通过不同规模的生态廊道层次化、网络化，构建完善生态网络体系。规划将紧凑的建设用地与有机生态网络相结合，建设用

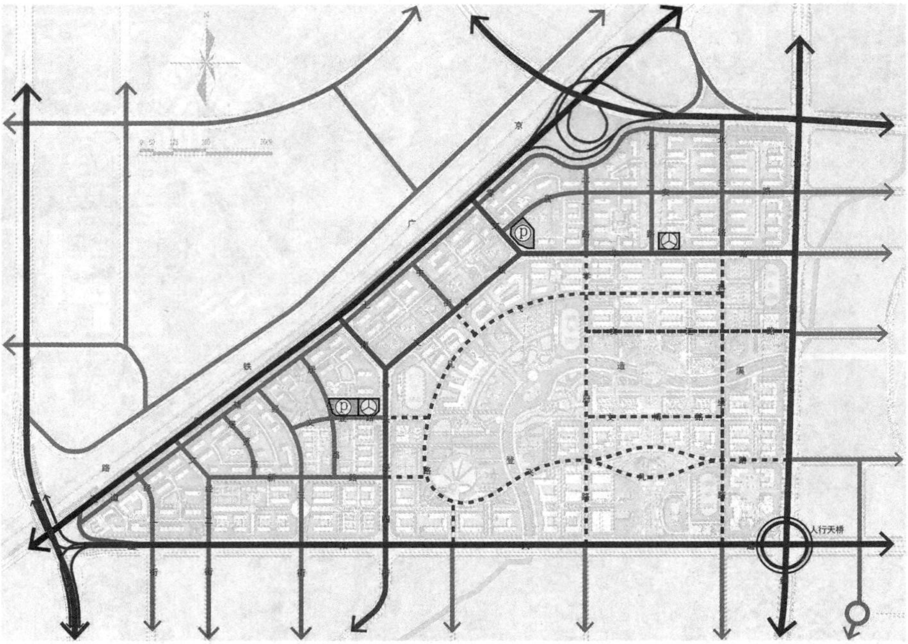

图 3-53　邯郸职教城机动车行系统规划图

图 3-54　邯郸职教城慢行系统规划图

（资料来源：邯郸职教城起步区控制性详细规划和城市设计，上海同济城市规划设计研究院，汤宇卿等，2018.12）

图 3-55　邯郸职教城规划鸟瞰图

（资料来源：邯郸职教城起步区控制性详细规划和城市设计，上海同济城市规划设计研究院，汤宇卿等，2018.12）

地以密度组团的形式，团簇状布局，形成空间的有机聚合。如图 3-56～图 3-58 所示。

图 3-56　宜州新区总平面图

（资料来源：宜州新区控制性详细规划和核心区城市设计，上海同济城市规划设计研究院，汤宇卿等，2019.9）

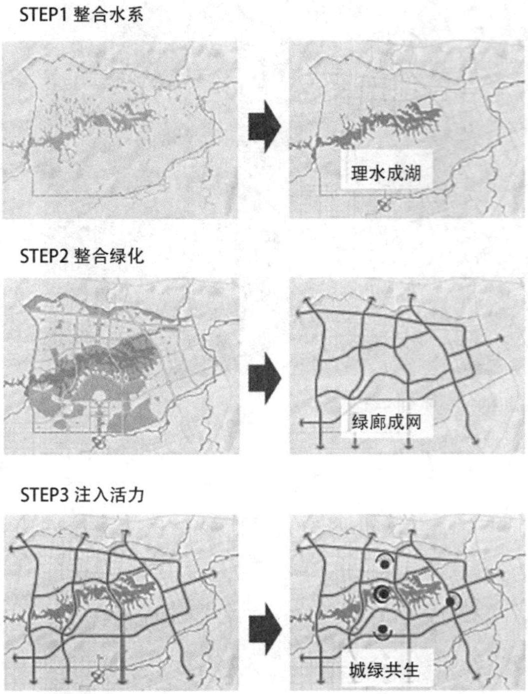

图 3-57　宜州新区方案形成图

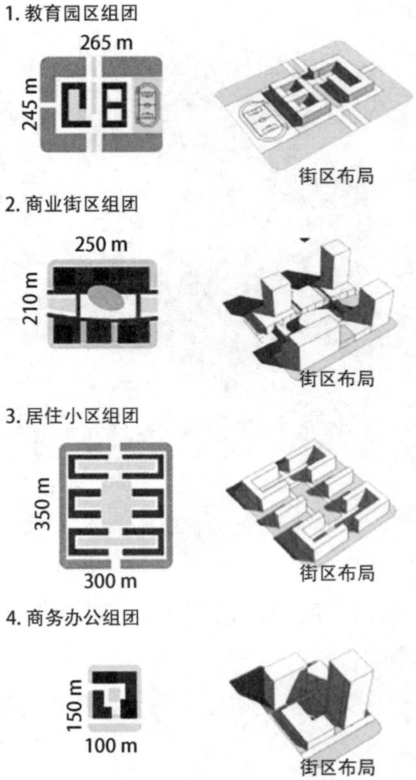

图 3-58　宜州新区不同组团的空间形态

（资料来源：宜州新区控制性详细规划和核心区城市设计，上海同济城市规划设计研究院，汤宇卿等，2019.9）

通过对基地周边的分析图解，整合现有水系和绿化网络，在总体层面对开发空间体系加以统一构建，设置景观主轴线、若干景观次轴线以及视线通廊，建立完善的城市水绿体系，形态各异的节点空间串联于景观轴线，共同塑造具有标志性的城市景观风貌。

整个片区以三条公共活动轴为主体，两侧辅以主要的公共服务设施，居住组团内有绿色生态廊道穿过，各个功能板块体现出独特的风貌特征，彼此之间又有紧密的联系，具有很强的交通可达性。

规划严格按照 2018 年 12 月颁布的“居住区规划设计标准”，采用小街区、密路网的格局，充分考虑公共管理与公共服务设施、商业服务业设施构建的生活圈，实现用地的适度混合和职住平衡，倡导公共交通的发展，打造生态中心区（图 3-59）。

图 3-59　宜州新区整体鸟瞰图

（资料来源：宜州新区控制性详细规划和核心区城市设计，上海同济城市规划设计研究院，汤宇卿等，2019.9）

3.8　本章小结

住区交通组织模式受到住区用地规模、开发强度、交通方式、交通结构及路网结构等方面的影响，可以归纳为人车共存、人车部分分流、人车完全分流等模式。当今从小区制走向街区制，从封闭小区走向开放街区、从大小区走向小街区，管理模式不同，对住区交通组织模式会产生巨大影响，直接影响居民的出行效率和生活品质，这也是土地使用和交通系统之间互动关系在微观层面上的反映。住区交通流的虚拟仿真，需要充分结合我国住区交通组织模式的这一变化，与时俱进，这样才能把握住区发展的脉搏，同时把仿真结果更好地用于住区规划布局和交通组织的优化中。

第 4 章　道路交通仿真研究概述

4.1　道路交通仿真

4.1.1　概述

随着社会经济发展和城市化水平提高，城市居民机动车的保有量逐年上升，城市土地利用和开发强度也带来了城市布局的改变，由此引发的城市交通拥堵情况也日益严重。为了更好解决城市交通拥堵问题和提高城市运转效率，城市道路交通仿真系统成为重要的交通分析与决策支持手段。交通仿真的应用，将有助于实现单一依赖基础设施扩张的粗放型交通增长向依靠高新技术进步、以提高效率为核心的集约型交通发展的转变[1]。

交通仿真(Traffic Simulation)是智能交通系统(Intelligent Transportation Systems，ITS)的一项重要内容，其研究基础来源于道路交通流理论。道路交通流理论是从交通动力学的角度刻画交通流的特性，重点是描述车辆、驾驶者(动态部分)和交通设施(静止部分)之间的相互影响[2]。目前经典交通流理论模型主要包括：流量-密度方程、车辆跟驰模型(Car Following Models)、元胞自动机交通流模型(Cellular Automation Models)、流体力学与运动波理论(Boltzman-like Theory)和车辆排队理论(Queueing Models)四种(表 4-1)。

表 4-1　经典交通流理论模型总结

交通流模型	特点
流量-密度方程	通过流量-密度方程发现了普遍存在的交通流现象，如交通通行能力陡降(Traffic Breakdown)、滞后效应(Hysteresis Effect)等
车辆跟驰模型	一种质点系动力学模型，车辆看作离散的质点，建立前车与后车之间的相互关系，刻画交通流状态
元胞自动机模型	将空间单元划分不同的单元(元胞)，通过简单的相互作用而构成动态系统的演化，在离散的时间维度上刻画交通流状态

（续表）

交通流模型	特点
流体力学模型	将交通流看成是一个连续的整体，掩盖了车辆质点的特性，有利于交通流整体特性的刻画
车辆排队理论	将概率的概念引入交通流特性刻画中，能够更好地模拟随机因素对交通流特性的影响

资料来源：根据文献[2]、文献[3]、文献[4]整理

随着计算机应用和交通流理论的不断发展，道路交通仿真技术也逐步发展成为用以反映复杂道路交通现象的重要手段。交通仿真是计算机技术在交通工程领域的一个重要应用，它不仅可以实现交通流时空的变化、为交通道路设计规划提供技术依据，而且还可以对各种参数进行比较和评价，以及环境影响的评价等[5]。邝先验(2014)认为交通仿真是指用计算机仿真技术和系统建模方法，融合交通行为模型，在计算机上再现交通流状态的时空变化特性，获得交通流分布规律及各交通变量之间关系[6]。杨柳青(2014)认为交通仿真是结合数学运算和计算机程序等手段，通过一组随时间动态变化的变量模拟交通特性[1]。交通仿真是研究运用现代计算机技术再现实际交通系统的特性、分析交通系统在各种设定条件下的可能行为，以寻求现实交通问题最优解的一种手段，也是评价在不同设计方案中各类运输设施效果的有效方法[7]。

通过不同定义可以看出，道路交通仿真是反映道路交通时空变化规律，通过实时模拟方式用图像加以描述，并对道路设计、交通控制、设施建设等相关问题进行反馈的重要工具和手段。

4.1.2　道路交通仿真特点

道路交通仿真技术是融合了交通流理论与计算机仿真技术的综合应用，主要具备以下三个特点：

(1) 仿真对象是动态的、随机的、复杂的系统

道路交通仿真的仿真对象是针对城市道路的交通状况进行模拟，而主要模拟的对象是道路上的交通流。交通流的产生、运行轨迹、运行速度等参数都是随机并且实时变化的，不同类型的交通流在城市道路上运行共同构成复杂的系统。

(2) 交通仿真是一项多融合的复杂系统

道路交通仿真系统的多融合，一是体现在道路交通仿真系统一般融合交通生成模型、道路设施模型、交通行为模型、人机交互模型和交通控制模型等不同交通模型，共同构成仿真系统，对道路交通状况进行特定环境下的描述；二是交通流理

论的应用离不开与计算即编程语言的融合,或是应用通用编程语言,或是设计专用仿真语言。

(3) 仿真实验可以反复实验并且可以进行人工干预

道路交通仿真系统可以反复进行实验,并且可以通过调整参数对道路交通状况进行模拟或预测分析。

4.1.3 道路交通仿真类型

城市道路交通仿真在早期多为宏观仿真,模型描述精度低。20 世纪 60 年代,英国出现了 TRANSYT 交通仿真软件,用以确定交通信号参数的最优值。随着计算机技术的发展,80 年代初,已经出现了丰富的交通仿真软件,如 CARQ、FREQ、INTRAS 等,主要用于高速公路匝道控制和事故研究以及优化城市道路交通信号。90 年代初以来,随着智能交通系统研究的开展,世界各国都展开了以智能交通系统为应用背景的交通仿真技术研究,开发了一大批能够定量评价和分析智能交通系统效益的仿真模型和软件系统[8]。经过多年的发展,城市道路交通仿真模型已经逐步发展成熟并且类型多样。

交通仿真根据对城市道路交通系统描述的细节程度的不同,普遍被分为微观交通仿真、中观交通仿真和宏观交通仿真三类(表 4-2)。宏观交通仿真模型是从整体研究城市道路和交通系统的运行特性,缺乏对道路横纵断面变化和交通管理控制的考虑。微观交通仿真模型追踪单个车辆的运行特性,考虑车辆运行中车辆间的相互作用,对复杂的实际网络缺乏适用性。中观交通仿真模型是可以兼顾宏观交通仿真与微观交通仿真优点,用以描述交通流动态运行的仿真技术。

表 4-2 道路交通仿真模型比较

类型	优点	不足	适用范围	主要应用	应用举例
宏观交通仿真	仿真速度快,对硬件资源要求低,交通参数简单,结果易理解	细节描述程度低,应用范围受限	描述交通流宏观集聚性特征	交通基础设施建设决策、城市路网交通仿真等	TransCAD CUBE、EMME 等
中观交通仿真	介于宏观与微观之间,仿真精度有所提高	不能描述车辆间的相互作用	描述车辆在路段或节点的集聚行为	评价较大范围内交通控制和干预的措施,对交通进行最优控制	DYNASMARTDYNA MEQ 等
微观交通仿真	细节描述程度高,描述个体车辆的交通行为	交通参数与交通模型复杂,对硬件要求高,仿真速度慢	用于研究交通流与局部路段交通状况	如路段交通仿真、交叉口交通仿真等	VISSIM AIMSUM TransModeller

资料来源:根据文献[1]、文献[9]整理。

4.2 宏观交通仿真

4.2.1 概述

宏观交通仿真是从宏观视角整体考虑机动车的运行，主要是基于动态交通分配和最优路径选择等理论与技术，用以描述交通流的集聚性特征。在宏观仿真模型中，交通流被视为可压缩的媒体或流体，通过流量-密度关系来控制交通流的运行，不追踪个体车辆的移动[10]。宏观交通仿真模型重要的参数包括车流速度、车流密度和交通量，是通过建立车流速度和车流密度之间关系，来描述交通流集聚性的宏观模型[11]。

宏观交通仿真模型对计算机资源要求较低，仿真速度快，结果易于理解，但细节刻画不如微观交通仿真模型，应用范围也小。宏观交通仿真模拟一般用于描述交通状况的总体特性，主要用于交通基础设施扩建的研究与决策、大规模路网交通仿真和监测城市道路路段或交叉口拥堵等。

4.2.2 应用举例

宏观交通仿真软件发展较早，研究较为成熟，目前应用较多的主要有 EMME 软件、TransCAD 软件、VISUM 软件、FreQ 软件、Cube(TP, Tranplan)等。

1) EMME 软件

EMME 软件最初是加拿大的 Montreal 大学的交通研究中心开发，现在已经更新到第四代，是目前宏观道路交通仿真中功能全面的交通预测与分析软件，是面向城市、区域和国家的交通规划软件。其基础应用为预测交通量及分析路网，主要包括交通调查、路段特性及用户定义的内容，分析现状即未来区域[12]。EMME 软件提供开放的建模功能，融合了网络编辑工具、可视化和分析工具、GIS 功能等应用，使软件更适宜应用于当地需求。

EMME 软件提供多种交通方式，包括私人交通、公共交通和辅助交通方式，所有交通方式在同一个相连的道路网络中运行。EMME 软件对交通系统的分析沿用传统的“四阶段法”(出行生成、出行分布、出行方式划分和出行分配)，主要由以下功能组成：

(1) 建立道路网络与集成数据

EMME 软件可以将地图转化为道路网络，并进行交互式编辑。同时 EMME 软件集成道路网络和区域数据，如交通调查、路面特性、事故统计、用户自定义内容等，便于进行网络计算和信息查询。

(2) 交通分配功能

EMME软件的交通分配模型包含选定路线分析、路段子区域模型、变需求分配模型、分级分配、出行特性模型、可选择HOV车道和重型车辆模型等。EMME软件通过路径选择分析与交通分配方法,计算道路网络中的距离矩阵或成本矩阵等,从而更好地实现模拟实现道路上的交通流。

(3) 公共交通分配

EMME软件针对公共交通人提出相应的交通分配方法,用以评价相关的交通政策,如发车频率、时刻表、车容量、拥堵等。EMME软件的公共交通分配模型包含步行路线分析、特定站点和线路的参数细微调整、与其他机动车网络的相互作用、出行特性模型等。

(4) 需求模型

EMME软件内设矩阵计算器和矩阵均衡程序,用于计算道路交通出行发生量、出行分布量和出行方式划分及其组合(交通规划"四阶段法"),同时考虑多种交通方式网络平衡,从而形成需求模型。

(5) 计算与分析功能

EMME软件内置强大的内部函数功能,提供"流量-时间"函数、转弯罚函数、公交行程时间和需求函数集等。EMME网络及模型计算功能,包含基础性的网络数据统计、运行分析等,所有计算结果图形显示与比较并可进行信息的统计汇总,最终获取分析结果。

2) TransCAD软件

TransCAD软件将GIS同规划模型运用交通规划设计领域,提供一个独立的集成平台用以储存、接收、分析和可视化各种类型的交通信息和地理数据。TransCAD软件由地理信息系统(GIS)、可扩展的数据模式、交通分析程序集、数据集(交通、地理信息和人口资源等方面)和开发语言组成,具有于以下功能特点:

(1) 强大的地理信息分析系统

TransCAD软件内设区域划分模型,可以将地区按照人口普查区域、交通小区或行政区域等组成若干紧凑均衡的区域,为设施选址与评估奠定基础。TransCAD软件用网络来查找路线,计算距离和出行时间等,可用于解决多种类型的运输网络问题,如可以生成最短、最快或成本最低的出行路线。结合区域划分模型,TransCAD软件可以计算特定地点的网络距离、出行时间等,用以评估可能的设施位置或是对设施位置做成本和效益评估。

(2) 集合丰富的交通分析模型

TransCAD软件以交通规划"四阶段法"为基础,提供了完善的交通规划模型算法,包括需求预测模型、公交模型、OD矩阵推算、路径选择模型、路网分析模型等。

TransCAD 软件利用传统的“四阶段法”进行交通需求预测，主要由出行产生/吸引模型、出行分布模型、出行方式划分模型和网络分配模型组成，并包含丰富的算法。除此之外，在需求预测中还会应用到 P-A 矩阵（交通产生量和吸引量矩阵）转换和 O-D 矩阵（交通流起讫点矩阵）反推计算。

TransCAD 软件内设丰富的算法和模型进行公交路径网络的计算（表 4-3）。TransCAD 软件通过使用公交网络和票价结构，解决用户最短路径选择问题，并将公交路径网络叠加到城市道路网络中，可以估算出公交网络中路段上乘客的数量，用以评价公交服务水平。

表 4-3　TransCAD 软件包含的交通规划模型

交通规划模型	具体模型	具体算法
需求预测模型（“四阶段法”）	出行产生/吸引模型	交叉分类法、回归分析、离散选择等
	出行分布模型	增长系数法、重力模型等
	出行方式划分模型	回归模型、Logit 模型等
	网络分配模型	容量限制法、用户平衡法等
公交模型	最优策略法、用户平衡法、综合费用路径选择法等	
O-D 矩阵推算模型	通过交通分配与 O-D 矩阵估算之间的多次迭代	
路径选择模型	利用网络分析模型进行最短或最优路径选择	
路网分析模型		

资料来源：根据 TransCAD 软件使用手册总结

（3）规模巨大、形式多样的交通、地理和人口统计数据

TransCAD 软件以 GIS 为平台，将地图数据与要素相关的属性数据相链接，主要处理空间数据和交通数据（图 4-1），可以接收所有数据库式数据和绝大多数 GIS 和 CAD 格式数据。

（4）可以嵌入其他应用和功能二次开发

TransCAD 软件具有功能扩张和二次开发功能，提供 GISDK 宏语言程序开发环境，用户可以对软件进行功能扩充和模块添加，也能与其他语言建立“客户-服务器”结构，扩大应用范围。

2）VISUM 软件

VISUM 软件是用于城市道路网分配、交通需求预测以及公共交通线路优化

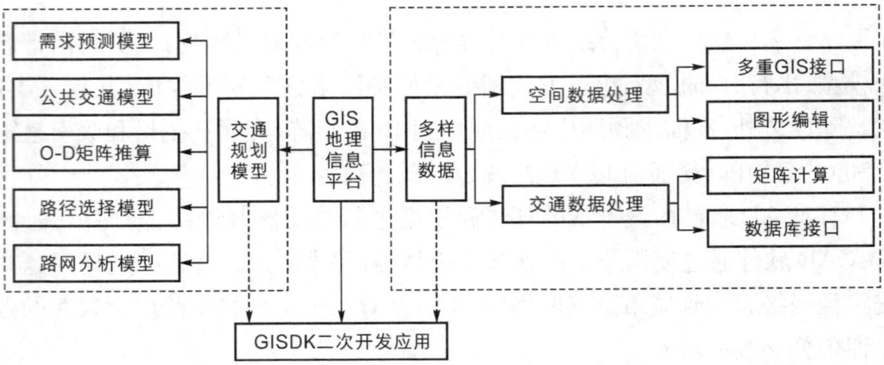

图 4-1　TransCAD 软件功能结构

（图片来源：参考 TransCAD 软件手册整理绘制）

的经典宏观交通仿真软件。VISUM 软件把各种交通方式（如小汽车、货车、公共汽车、自行车、行人、轨道交通等）都融入到一个统一的网络模型中。VISUM 软件采用传统的规划“四阶段法”，并提供各种交通分配运算程序，包括基于出行链的分析方法等。同时，VISUM 也提供了具有强大分析能力和数据管理的工具，形成以下三个功能特点：

（1）便捷的网络数据管理模式

VISUM 软件的路网模型是由不同的对象层构成的，包含交通路网（路段和节点）、交通小区、中心点连接路网的连接线、公交线路、多层的公交站点、交叉口的活动以及用户自定义的对象层。所有这些对象都包含标准特性和用户自定义属性，并且用户可以利用网络编辑器进行编辑。网络编辑器除了进行简单的编辑外，还可以进行路网合理性的自动检查功能，从而有效并且严谨地保证了路网的一致性。

为了输入与输出的目的，VISUM 软件允许用户把整个网络信息转换成一个数据库，可以方便地与 ArcGIS、Excel 等软件进行数据对接和转换。

（2）包含多样的交通仿真模型

VISUM 软件应用“四阶段法”的原理，能够完成从“出行产生/吸引、出行分布、出行方式划分和交通流量分配”的整个建模过程。用户可以自定义叫出行目的地选择和交通方式选择，并提供一系列的选项编辑和执行四阶段模型，除此外，VISUM 软件也提供了以活动链为基础的方法，在出行活动程序中建立出行链。交通流量的分配是四阶段模型中的重点，VISUM 软件提供了多方式的交通分配，如用户最优化模型（Wardorp 模型）、普通用户优化平衡等。进行交通流量分配后，VISUM 软件可以进行多样的数据分析，如路径和节点的交通流量、出行等时线、区域交通流量显示等。

另外,详细的公共交通模块是 VISUM 软件显著的强项。VISUM 软件中的路网模型细化公交线路,不仅可以基础车辆类型评价公交系统的运营能力,还可以对运营成本和收益进行评价。

(3) 开放与相关软件对接通道,共同进行交通分析

VISUM 软件之所以应用广泛,与相关软件的配合使用也是重要原因之一,这其中主要是与 ArcGIS 和 VISSIM 的配合使用。VISUM 软件可以将 GIS 数据及交通方面的数据合并到一个具有多层的共同的数据库中,主要是交通小区、道路中心线、行政边界等地理信息数据。VISSIM 软件是典型的微观交通仿真软件,VISUM 的用户可以结合 VISSIM 软件的微观仿真结果更好地理解路网拥堵的路段。

4.2.3　小结

通过应用举例,我们可以看出宏观交通仿真软件大都依据"四阶段法"的规划理论对道路网络和公交线网进行评价,并且提供多种交通流量分配方法。宏观交通仿真的仿真对象既可以是道路和车辆,也可以是交通流数据集合,这就要求宏观交通仿真软件要与规划相关软件结合使用,主要是与 ArcGIS 软件的数据对接和转换。

4.3　中观交通仿真

4.3.1　概述

中观交通仿真模型是介于微观与宏观之间,基于简化的车辆动态行为建模的仿真模型。中观交通仿真是建立在交通网络的基础上,或针对特定个体车辆的速度、位置等属性信息进行标识,或对分组车辆的速度、位置等属性信息进行标识。

中观交通仿真模型结合了微观和宏观仿真模型的特性,如微观仿真模型中一样,模拟的单位是单个车辆并且区分车辆类型和驾驶者行为;但是车辆和驾驶者的移动遵循的是宏观模型的方式[14]。中观交通仿真模型对交通流的描述往往基于流量-密度相互关系和车辆排队论等方法,描述车辆在路段和节点的集聚行为,而不描述车辆间的相互作用。最典型的中观仿真交通建模方法:将网络中的各链(Link 或 Stretch)根据需要分成多个路段(Segment),融合诸如加速度、减速度等动力学特征以及诸如期望速度、道路通行能力等参数,依据宏观交通流模型运行[15]。

中观交通仿真模型延续了宏观交通仿真模型中对车辆时空特性的描述,对交

通系统的要素及行为的细节描述程度有所提高，但是只能近似描述车辆或驾驶员的行为细节，仿真精度不如微观交通仿真模型。

中观交通仿真模型能够描述车辆队列在路段和节点的流入流出行为，可以用来拟定和评价在较大范围内进行交通控制和干预的措施，从而对交通流进行最优控制。根据目前计算机硬件的发展水平，可以在较大规模的路网范围内进行交通中观仿真。

4.3.2 应用举例

中观交通仿真目前在我国的应用研究开展较少，目前比较常见的中观交通仿真模型有 INTEGRATION、DYNASMART、DYNAMIT、TRANSMODELER、DYNEMO 等。

1) INTEGRATION 软件

INTEGRATION 软件由加拿大皇后大学开发建设，是典型的中观交通仿真模型。INTEGRATION 软件中的跟驰模型的算法是采用运动学模型，单车的速度是基于自由流、基本通行能力和拥堵时的宏观交通流参数[16]。INTEGRATION 软件主要应用于城市交通诱导系统评估和交通系统的监测。

2) DYNASMART 软件

DYNASMART 软件由美国德克萨斯州大学奥斯汀分校开发建设，该模型采用连续流方程和修正的"速度-密度"关系模拟交通流，并将经过模拟的出行时间计算最优出行路径，此外还可以用于交通信息预测、交通诱导、动态交通分配和出行路径决策等。

3) DYNAMIT 软件

DYNAMIT 软件是由美国麻省理工大学开发建设，用于交通预测和交通诱导的实时动态交通分配系统。

4) DYNACASTIM 软件

DYNACASTIM 软件是由西安交通大学研究开发，综合现有成熟中观交通仿真软件的优点。该软件力求建立适合国内出行者的行为特性、车流特性与交通控制策略本土化的实时交通预测系统[2]。

4.3.3 小结

目前中观交通仿真模型主要应用于城市交通诱导方面。城市交通诱导系统主要是实时接收道路监控信息，并且预测估算随时间变化的 O－D 矩阵，为出行者提供实时交通信息，有助于确定出行时间、出行方式和出行路径。同时中观交通仿真系统还可以综合不同类型的驾驶员及其行为，估计当前路网条件，预测交通状况，进行路径诱导。

4.4　微观交通仿真

4.4.1　概述

微观交通仿真模型是把个体车辆作为研究对象，对所有个体车辆的速度、位置等定特性进行标识与实时更新，并以动态图像的形式描述车辆间的交互行为、换道行为、转向行为等交通行为对交通流的影响。

通常情况下微观仿真模型是对道路上车辆行为的模拟，一般具备四种功能：

(1) 描述功能，描述目标车辆与周围交通环境、道路几何线形等要素的相互关系。

(2) 观察功能，仿真模型可以根据驾驶员视觉范围显示道路交通状况，这都将影响驾驶员的行为选择。

(3) 分析功能，对所观察到的道路交通情况进行分析并作出判断，这是交通仿真模型所必须具备的核心功能[17]。

(4) 模拟功能，根据分析的结果，按照预设的参数或规则进行道路交通状态的更新模拟，可以作为交通控制策略和动态车辆诱导的模拟工具。

微观交通仿真对计算机资源要求较高，仿真速度慢，主要用于研究交通流与局部的道路设施的相互影响，如车道划分、道路宽度、坡度及公交站的设置等；也用于交通控制仿真，如交通信号灯控制、瓶颈路段调整等。

4.4.2　微观交通仿真模型结构

通常微观交通仿真一般包括道路条件、车辆到达、车辆特征、期望车速、车辆间的相互作用和车道转换等要素组成。而这些要素主要是通过路网描述模型、车辆产生模型、车辆行为模型、信号灯控制模型、动态路径选择模型等进行描述(表 4-4)。

表 4-4　微观交通仿真模型结构

组　　成	主要功能	具体内容
出行需求模型	预测和分析居民出行特征	“四阶段”法、基于出行链的出行需求预测模型等
路网描述模型	建立路网结构，包含线形、断面宽度等	节点、车道、路段、交叉口等和交通规则模型
车辆行为模型	主要基于车辆跟驰模型和车辆换道模型定义车辆行为	跟驰模型、换道模型、行人干扰模型等

（续表）

组　　成	主要功能	具体内容
路径选择模型	根据最优路径或时间最短选择车辆行驶路径	最优路径选择模型等
信号灯控制模型	模拟周期变化的信号灯控制，使交通仿真接近真实情况	—

资料来源：根据文献[18]和文献[19]整理

1）出行需求模型

出行需求模型是预测和分析居民出行特征的重要模型，是微观交通仿真模型的基础，主要包含"四阶段"法和基于出行链预测的方法两种。"四阶段法"包括出行生成、出行分布、出行方式划分和交通分配四步，可以刻画出不同地点采用不同出行方式的居民出行量。而基于出行链预测的方法是刻画居民的实际出行行为，考虑到出行的时空限制。

2）路网描述模型

路网描述模型是用以描述道路网拓扑结构及部分交通管控措施的基础模型之一[20]，属于静态模型，通常用节点、车道、路段等三个结构体来描述道路的几何关系[21]。交通规则模型与路网描述模型同属于静态模型，可以通过车道使用特征等形式添加到路网描述的属性特征中，是交通模拟更贴近现实生活状况。

3）车辆行为模型

车辆行为模型通常包括车辆跟驰模型和车辆换道模型。车辆跟驰模型是描述车辆在非自由流状态下后车跟随前车行驶的特征，其驾驶速度、前后间距都受影响。车辆换道模型一般分为强制换道和自由换道，车辆间的前后间距对车辆换道的影响最显著，只有前后车间距均满足要求时才可以换道。

这两个模型是约束车辆在城市道路上行为的重要模型，一般与车辆行驶速度、期望车头间距、驾驶员反应时间等因素相关。除此之外，商蕾(2010)认为考虑到国内城市混合交通的以及驾驶员行为特点，应补充机动车侧向干扰模型、非机动车干扰模型和行人干扰模型[22]。

4）路径选择模型

路径选择模型是根据居民出行 OD(Origin-Destination)信息，依据一定的原则进行路径选择。如最优路径选择模型，主要考虑路段长度、路段拥挤程度、交叉口数量、信号灯控制、平均速度等因素。

5）信号灯控制模型

信号灯控制模型是模拟周期式的信号灯控制，考虑绿灯/红灯时长、相位差、停车长度等因素。通过变换绿灯/红灯时长，减少红灯时车辆排队长度，以保证车辆可以最快通过交叉口。

4.4.3　微观交通仿真模型应用软件

目前微观交通仿真模型中 VISSIM、PARAMICS 和 AIMSUN 是应用范围广、用户群体最多的软件。

1) VISSIM 软件

VISSIM 软件是由德国 PTV 公司研究开发建设的一款经典微观仿真交通软件，并且可以与 VISUM 软件相互配合使用。VISUM 软件为 VISSIM 提供交通流需求量和微观道路网络，通过 VISSIM 的微观仿真结果可以查看道路网中的拥堵路段或是路口。

VISSIM 软件是一种随机离散的、基于时间间隔(基于十分之一秒为时间间隔)和驾驶行为的微观交通仿真软件。VISSIM 软件是用来进行高速公路、街道、公共交通和行人分析的微观交通仿真软件，可以在不同限制条件下，包括道路几何线形、车辆组成、驾驶行为(保守型/冒险型)和交通控制，对单个车辆或行人的交通行为进行仿真。VISSIM 能够模拟不同范围和不同功能划分的路网，从单一的交叉口到高速公路，以及走廊通道和整个城市区域。

VSISIM 软件的交通仿真对于车辆的横向运动和纵向运动采用了不同的算法。车辆的横向运动(车道变换)采用了基于规则的算法，而车辆的纵向运动采用了德国 Karlsruhe 大学 Wiedemann 教授的“心理-物理学跟车模型”。与简单的定速度和固定跟车模型相比，VISSIM 软件所用的“心理-物理学跟车模型”的基本观点：一个较快车辆的司机在接近一较慢行驶的车辆时，他将减速至个人的心理阈值，由于不能精确确定前面车辆速度，他的速度会减至低于前车的速度，当其速度减至另一心理阈值时，他又将慢慢加速，模拟结果就是一个车辆反复加速、减速的迭代过程[23]。

VISSIM 软件系统包含交通仿真器和信号状态发生器两部分组成(图 4-2)。交通仿真器包括了跟车模型和变道模型，而信号状态发生器是一个信号控制软件，不断的从交通仿真器中获得检测信息，并决定下一仿真时间的信号状态，并将信息传送给交通仿真器[24]。

VISSIM 软件进行交通仿真需要城市道路网络数据、城市交通流数据、信号数据和公交系统数据等(表 4-5)，然后初始建立仿真路网，不断调整参数信息直到仿真路网特性与现状近似相符，然后进行仿真模拟。VISSIM 可以用于信号交叉口相位的调整和评估、城市路网的评价与优化、交通影响评价以及公交优先方案(如建立公交专用道、公交优先信号等)的评估，此外还支持街道和建筑物内行人的建模和仿真，评价和演示道路交通的行人之间的交互作用。

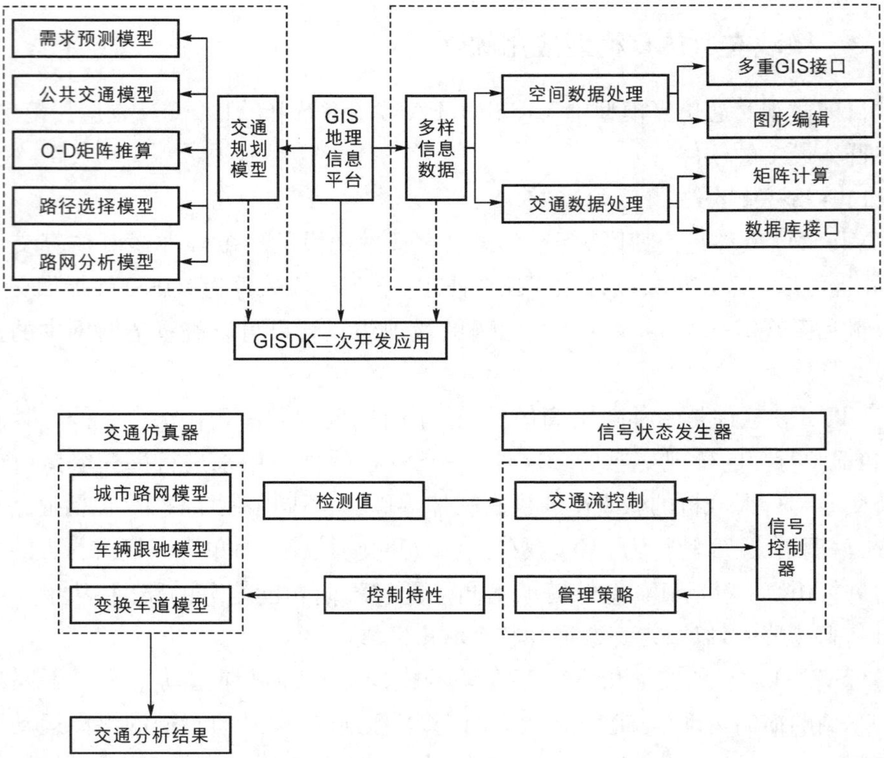

图 4-2　VISSIM 软件系统构成

（图片来源：参考 VISSIM 使用手册总结绘制）

表 4-5　VISSIM 软件仿真所需数据

数据类型	主要数据内容
路网数据	详细的交通设计（交叉口渠化），车道线、车道功能车道数、车道宽度停车线位置、交通小区划分；停车场（出入口、面积、车位数）
交通流数据	车辆类型、交通管制的交通方式对象、各种交通方式的静态路径流量；交通小区对应的 O-D 矩阵、各种车辆的期望行车速度分布以及在路网中不同位置的车速的变化、车道饱和流量
信号数据	每个交叉口的信号周期、绿灯时长和红黄时长定时控制等
公交数据	公交线路路径和走向、公交站台的尺寸、公交车辆的期望行驶车速、发车时刻或发车间隔、公交服务水平、不同站点上下车的时间分布

资料来源：根据文献[25]、文献[26]整理

2）AIMSUN 软件

AIMSUN 软件是由西班牙 TSS 公司开发的微观交通仿真产品，可以处理各种类型的交通网络，包括城市街道、高速公路和一般公路，也可以处理混合道路网络和多种交通方式的仿真。AIMSUN 软件内含有效的交通分析工具可以进行矩阵估算及矩阵分割，能模拟自适应交通控制系统、先进的交通管理系统、车辆引导系统等系统，能对环境污染和能源消耗进行评估。另外，AIMSUN 软件可以与 EMME 等交通仿真软件能进行数据转换，相互配合使用。

3）PARAMICS 软件

PARAMICS 软件是英国 QUADSTONE 公司开发的微观交通仿真产品。PARAMICS 软件能适应各种规模的路网，从道路节点到全国规模的路网等不同范围区域。PARAMICS 软件具有实时动画的三维可视化用户界面，可以实现单一车辆微观处理，支持多用户并行计算，具有功能强大的应用程序接口。目前 PARAMICS 软件主要用于交通管理和控制分析、交通控制中心的仿真等。

4.4.4　小结

微观交通仿真模型重在对路网描述、交通需求描述、信号控制描述、出行单元行为描述等内容。微观交通仿真模型对数据类型和数据量的要求较大，对交通仿真描述的细节程度要求高，主要和城市实时交通状况联系紧密，更利于引导居民的出行。

4.5　道路交通仿真应用趋势

4.5.1　虚拟现实技术

虚拟现实技术（Virtual Reality，简称 VR）是通过计算机仿真系生成一种用以体验的模拟环境，一种融合多源信息的交互式的三维动态场景。虚拟现实技术已经广泛应用于工程领域，而交通安全、驾驶体验等相关的仿真将成为应用虚拟现实技术的领域。在规划应用中，虚拟现实技术也将给交通分析和交通管理的决策者提供规划、分析与验证的新手段。

虚拟现实技术可以实现传统交通仿真系统的场景再现，通过驾驶仿真器与监测器可以实时模拟出受测者面对道路交通状况的真实反应，以此反馈交通仿真系统的真实程度，从而实现交互式设计的可能。虚拟现实提供的三维场景可以更好地让用户沉浸在交通仿真系统中，更贴近现实生活，极大提高交通仿真系统模拟的真实性。

4.5.2 与其他系统集成仿真模拟

随着交通仿真应用的规模与范围扩大，交通仿真对物理道路和街道环境需要更精确的描述[27]，所以交通仿真系统与传统规划软件的联系就更为紧密。因此交通仿真系统在应用上、用户界面设计上同 GIS、CAD、TransCad 等软件上的集成就成为一种可能和趋势。

以地理信息系统为(GIS)为例，地理信息系统是可以将空间数据同其相关属性值相连接，如出行数据、道路网络数据、交通数据等，可以用于描述路段交通量、路径选择等内容。王春，李文等(2010)提出一种基于 VRGIS 的城市道路交通微观仿真系统[28]，由 GIS 输入模块、交通微观仿真模块、分析决策模块和 VR 输出模块组成，主要对城市主要道路的通行能力、路网改造、交通控制策略进行评估和预测。

4.5.3 离散仿真与并行处理

传统的交通流描述是基于连续的速度和距离变量，而离散仿真方法更贴近实际交通情况[29]。并行处理是在一台并行计算的计算机上运行仿真程序[30]。以元胞自动机模型为例，其时间变量、空间变量和状态变量都是离散的常数，并且网络的交点占据中心地位[2]。元胞自动机模型打破了传统交通仿真程序中的事件发生时间间隔固定和车辆状态已知的弊端，更贴近现实。

4.5.4 交通需求仿真与交通控制系统仿真

传统交通仿真系统多数用于研究交通参数之间关系或是评估现有道路系统的合理性。未来交通仿真会更精细化，目的性更强，其中交通需求仿真和交通控制系统仿真就是重要的方向。

交通时耗和个人出行链的基本研究，与离散模型相结合，构成了交通需求仿真的理论基础[2]。交通需求仿真是从需求的角度，模拟居民的出行，获取相关的出行特征，从而为交通控制提供依据。而交通控制系统是从供给的角度，合理布局道路系统和调控交通运行，以保证居民的出行，这与驾驶员的驾驶特征与心理感知密切相关。因此，交通仿真系统会更多地与交通需求管理和交通控制系统相结合，实现在线实时模拟和管理。

4.6 小结

道路交通仿真根据交通流理论，结合计算机的运算模拟，已经逐步发展成可以多层次、多融合、多试验的道路交通仿真系统。依据道路交通仿真的范围和对交通行为描述的细节程度，道路交通仿真也已经形成宏观、中观和微观三种不同类型，满足道路设计或管理的不同需求。

宏观交通仿真系统研发与应用时间最早，一般用于描述道路整体交通状况和运行特性，对车辆行为的描述细节程度较低，与规划设计联系比较紧密，如 TransCAD 软件。本次住区交通虚拟仿真实验就是从宏观道路交通仿真软件中吸取经验，主要有三点：一是，选择“四阶段法”的预测模型，按照“(路网生成)-出行产生-出行分布-出行方式划分-网络分配”的方式进行模拟，并结合本次住区交通虚拟仿真实验的特点进行调整；二是，本次住区交通虚拟仿真实验参照宏观交通仿真软件界面，结合使用者的习惯进行设计；三是，宏观交通仿真软件可以对路网内各个路段的交通拥堵状况进行评估与判断，这也启发我们在住区交通虚拟仿真实验中也应考虑融入这一功能。

中观交通仿真软件相对于其他两种类型应用较少，主要是基于简化的车辆动态行为进行仿真模拟。本次住区交通仿真模拟对交通单位的出行特征描述程度接近中观交通仿真模拟的水平，考虑车辆在道路路段或节点的集聚行为，如地下停车场出入口等。

微观交通仿真模型是对道路上个体交通单位的出行行为进行描述与研究，研究的内容更为复杂和全面，对计算机的运算要求也越高。考虑到本次住区交通虚拟仿真实验的运行环境和硬件水平，没有涉及到微观交通仿真模拟类型，但这也将是住区交通虚拟仿真实验未来发展的方向。

未来道路交通仿真软件会更多地融合新技术，如虚拟现实技术(VR)，仿真模拟的真实程度也会越来越高，同时与相关系统的集成融合也会越来越便捷，从而促使仿真系统的应用越来越成熟，应用范围越来越广，应用领域越来越精细。

参考文献

[1] 申悦，柴彦威，马修军. 人本导向的智慧社区的概念、模式与架构[J]. 现代城市研究，2014(10)：13-17.

[2] Masroor Hasan, Mithilesh Jha, Moshe Ben-Akiva. Evaluation of Ramp Control Algorithms Using Microscopic Traffic Simulation[J]. Transportation Research Part C: Emerging Technologies, 2002,10(3):229-256.

[3] 邹智军. 新一代交通仿真技术综述[J]. 系统仿真学报. 2010(09)：2037-2042.（Zhijun Zou. 2010(09)：2037-2042.）

[4] 关伟，何蜀燕，马继辉. 交通流现象与模型评述[J]. 交通运输系统工程与信息，2012，03：90-97.

[5] 杨柳青. 道路交通流仿真模型构建及其应用研究[D]. 北京：北京工业大学，2014.

[6] 邝先验. 城市混合交通流微观仿真建模研究[D]. 广州：华南理工大学，2014.
[7] 关伟，何蜀燕，马继辉. 交通流现象与模型评述[J]. 交通运输系统工程与信息，2012，03：90-97.
[8] 毛保华，杨肇夏，陈海波. 道路交通仿真技术与系统研究[J]. 北方交通大学学报，2002，05：37-46.
[9] 温培培，苏子毅，翟润平. 中观交通仿真研究综述[J]. 湖北警官学院学报. 2009(03)：84-86.（Peipei Wen，Ziyi Su，Runping Zhai. 2009(03)：84-86.）
[10] 魏明，杨方廷，曹正清. 交通仿真的发展及研究现状[J]. 系统仿真学报，2003，08：1179-1183+1187.
[11] 魏丽. 基于 VC 的可视化微观交通仿真系统[J]. 中国教育技术装备，2012，30：40-42.
[12] 胡环，董洁霜. 基于 EMME3 与 VISSIM 的交通影响分析方法[J]. 上海公路. 2013(03)：70-74+11.（Huan Hu，Jieshuang Dong. 2013(03)：70-74+11.）
[13] 杨柳青. 道路交通流仿真模型构建及其应用研究[D]. 北京：北京工业大学，2014.
[14] 邹智军. 新一代交通仿真技术综述[J]. 系统仿真学报. 2010(09)：2037-2042.（Zhijun Zou. 2010(09)：2037-2042.）
[15] 魏明，杨方廷，曹正清. 交通仿真的发展及研究现状[J]. 系统仿真学报，2003，08：1179-1183+1187.
[16] 温培培，苏子毅，翟润平. 中观交通仿真研究综述[J]. 湖北警官学院学报. 2009(03)：84-86.（Peipei Wen，Ziyi Su，Runping Zhai. 2009(03)：84-86.）
[17] 魏丽. 基于 VC 的可视化微观交通仿真系统[J]. 中国教育技术装备，2012，30：40-42.
[18] 胡环，董洁霜. 基于 EMME3 与 VISSIM 的交通影响分析方法[J]. 上海公路. 2013(03)：70-74+11.（Huan Hu，Jieshuang Dong. 2013(03)：70-74+11.）
[19] 魏丽. 基于 VC 的可视化微观交通仿真系统[J]. 中国教育技术装备，2012，30：40-42.
[20] 张奇，商蕾. 面向微观交通仿真的路网建模模块实现方法[J]. 交通信息与安全，2010，03：112-115+123.
[21] 邹智军，杨东援. 城市交通仿真实验系统的面向对象开发[J]. 系统仿真学报，2002，07：844-848.
[22] 商蕾. 城市道路交通流仿真系统研究[J]. 武汉理工大学学报(交通科学与工程版)，2010，03：587-590.
[23] 刘丽莎，王亚. 基于 VISSIM 的交通微观仿真探讨[J]. 交通科技. 2006(03)：79-81.（Lisha Liu，Ya Wang. 2006(03)：79-81.）
[24] 和英杰. 两种微观交通仿真软件的对比研究[J]. 广州：华南理工大学. 2012：78.（Yingjie He. 2012：78.）
[25] 刘丽莎，王亚. 基于 VISSIM 的交通微观仿真探讨[J]. 交通科技. 2006(03)：79-81.（Lisha Liu，Ya Wang. 2006(03)：79-81.）
[26] 和英杰. 两种微观交通仿真软件的对比研究[J]. 广州：华南理工大学. 2012：78.（Yingjie He. 2012：78.）

[27] 宋厚冰,蔡远利. 交通系统计算机仿真研究综述[J]. 计算机仿真,2004,03：101-104.
[28] 王春,李文,马纯永,等. 基于VRGIS的城市道路交通微观仿真系统研究[J]. 中国海洋大学学报(自然科学版),2010,07：136-140.
[29] 宋厚冰,蔡远利. 交通系统计算机仿真研究综述[J]. 计算机仿真,2004,03：101-104.
[30] 邝先验. 城市混合交通流微观仿真建模研究[D].广州:华南理工大学,2014.

第 5 章　住区交通虚拟仿真实验

5.1　住区交通虚拟仿真实验简介

本实验模块是由同济大学国家级建筑规划景观虚拟仿真实验教学中心组织开发，属于虚拟城市系列中的交通仿真模拟。住区交通虚拟仿真实验主要是将居住区规划设计的成果进行交通虚拟仿真实验，模拟不同时段内住区交通运行状况，并以此作为依据反馈住区规划设计在交通组织方面的不足，以进行完善，从而逐步成为住区规划设计的辅助手段。

本实验模块的研究与开发大致经历了五个阶段(表 5-1)：一是住区交通虚拟仿真实验模型的选择。二是住区交通虚拟仿真实验模块功能建设，主要包括软件界面设计功能设计以及软件运行细节等诸多方面。三是实验模块同学校平台相对接。在多轮商讨过程中，不断尝试模型、软件与现实相融合的解决方案，同时也逐渐清晰和优化了软件的具体应用和操作。四是住区交通虚拟仿真实验模块正式上线使用，并根据使用情况进行项目验收与反馈讨论会，明确现阶段设计的优点与缺点，为下一步的发展奠定基础。同时申请软件著作权。五是在完成上述 1.0 版本的基础上，加入新功能并完善优化开发 2.0 版本。

表 5-1　住区交通虚拟仿真实验模块建设进度表

建设阶段	时间	主要建设内容
第一阶段	2015.10.10	确定项目案例及界面初步设想，初步导入模型
第二阶段	2015.10.12	借鉴 SU、VISSIM 等相关软件的界面，明确界面的主要功能板块，完成界面设计初稿
	2015.10.22	进一步探讨界面上的功能设定及模型导入过程中出现的问题，完善界面的功能设定及模型处理
	2015.10.29	讨论交通流模拟过程中所需参数问题，实现界面、功能及模型三者融合
	2015.11.19	讨论软件运行过程中出现的问题及完善的建议，对功能进行简化与增减，并开始同网络平台进行对接

（续表）

建设阶段	时间	主要建设内容
第三阶段	2016.01.09	同平台对接后，讨论出现的细节问题及修改建议，初步完成软件设计
	2016.01.29	继续探讨同平台对接后出现的细节问题解决方案及进一步优化的建议
	2016.02.10	结合教学需求对实验模块的功能进行部分调整，并设定相关任务要求，实现软件与平台对接并正常运行
	2016.04.05	共同探讨、编写模块使用说明书
第四阶段	2016.05.10	住区交通虚拟仿真实验模块正式上线，投入使用
	2016.06.20	住区交通虚拟仿真实验项目验收与反馈交流会议，并探讨下一步发展方向，申请软件著作权
第五阶段	2018.09.01	开始制作 2.0 版本
	2019.06.24	2.0 版本模块测试完成

5.1.1　住区交通虚拟仿真模型文件处理要求

实验模块 2.0 版本改变了旧版本自带固定模型的模式，需要自行导入路径与模型，因此对导入的文件格式有一定要求。

1）安装 Sketchup 插件

Sketchup 只支持 Sketchup2018 以上版本（包括 2018），这是由于 Sketchup API 的限制，2018 以后才支持图片的导出。

从附件中找到“BVP3D 插件 Sketchup 导出 1.0.0.exe”，点击下一步安装，安装完成后，可以发现 Sketchup，“工具”多出一项 Export to BVP。

然后打开模型，点击“工具/Export to BVP”导出，如图 5-1 所示。

等待鼠标进入繁忙状态，再恢复空闲状态后即导出完成（模型小的通常在20～30 s 之间完成，模型大的可能需要 1～2 min，请耐心等待）。注意：导出的文件除了一个.stl 文件外，还有一个文件夹，如果要移动文件，请将文件夹一并移动，如图 5-2 所示。

2）AutoCAD 文件解析

AutoCAD 文件需保存为.dxf 文件。原则上对 AutoCAD 版本没有要求，为了保持与上述 Sketchup 一致，建议用 AutoCAD2018。

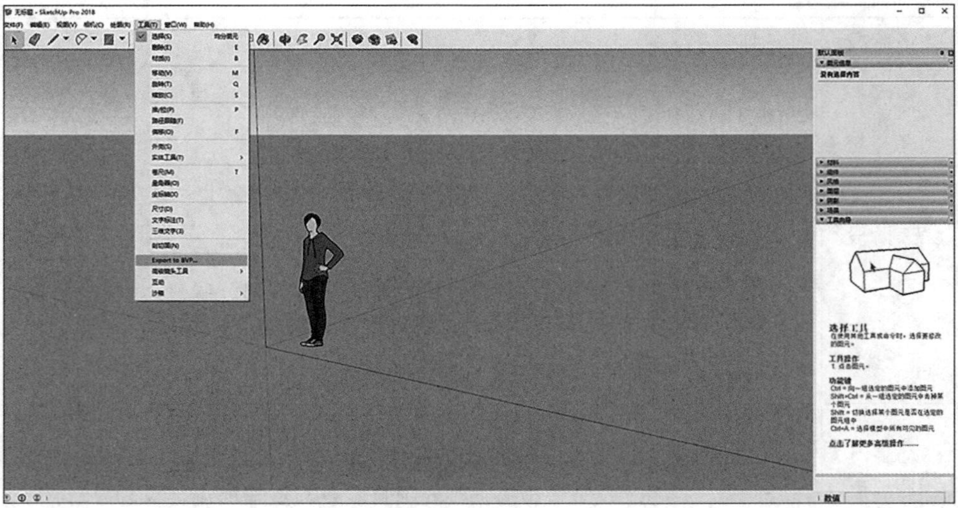

图 5-1　模型导出插件

（图片来源：Sketchup 界面截图）

图 5-2　导出后的模型

（图片来源：Windows 界面截图）

3) Sketchup 及 AutoCAD 要求

(1) Sketchup 建模尺寸与 AutoCAD 尺寸要一致,请参照附件中"参照模型"。

(2) AutoCAD 画图时,最外围线框图层一定要命名成"0-图框",如图 5-3 所示。

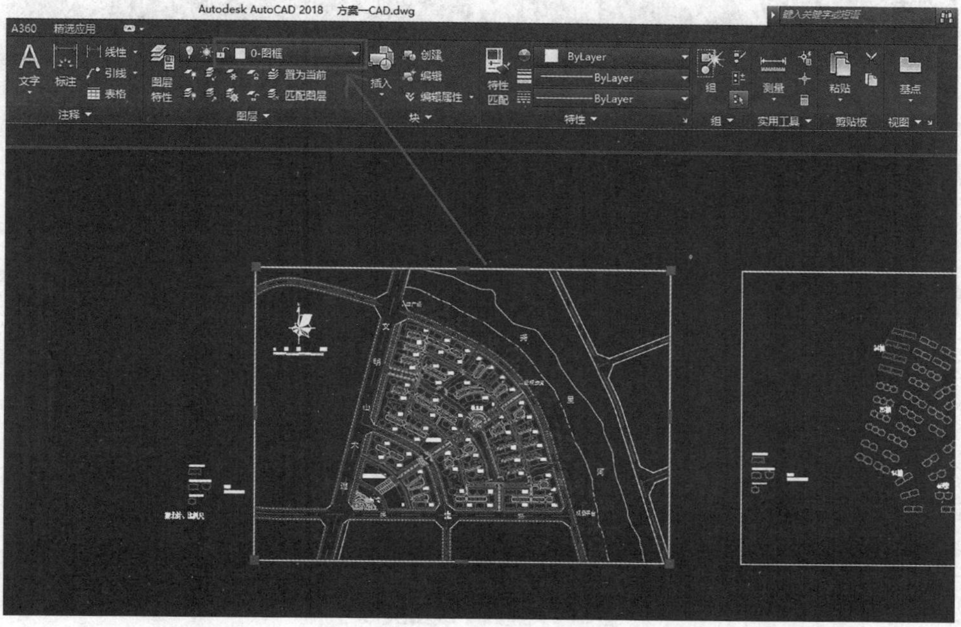

图 5-3　图框图层命名

(图片来源:AutoCAD 界面截图)

(3) AutoCAD 画图时,道路中线图层一定要命名成"RD-中线",如图 5-4 所示。

5.1.2　住区交通虚拟仿真实验模块构成

1) 参数设置

本实验模块在导入住区设计模型的同时,需要设定参数信息,才能进行交通仿真模拟。实验模块内与出行结构相关的参数可以分为两类,一类是固定参数,包括虚拟住区总户数、不同出行方式速度、不同时段进出住区比例三类;另一类是可调参数,包括户均人数、机动车搭乘比例、不同出行方式比例和时段划分四种。

各项参数定义如下:

人口规模:

本实验模块内的住区模型总户数为 2 303 户,户均人数设定为 3 人/户,并根

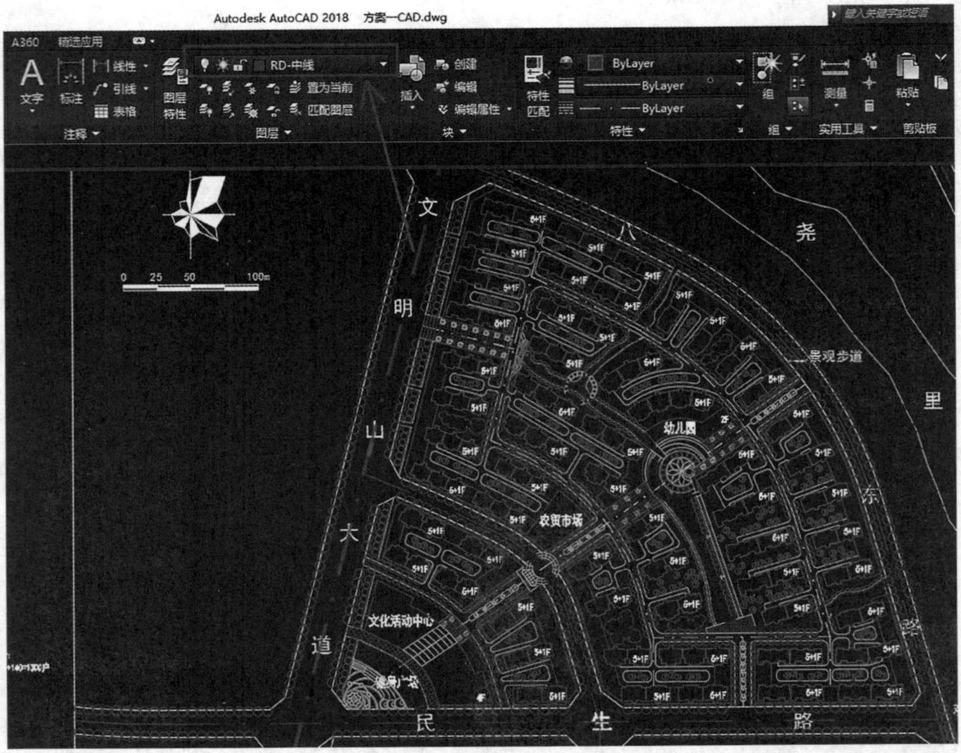

图 5-4　道路中线图层命名

（图片来源：AutoCAD 界面截图）

据实际情况将住户分配到不同住宅楼中，便于实验模块分配不同出行发生点。

不同出行方式速度：

本实验模块对不同出行方式的速度默认设定如表 5-2 所示，此速度仅作为不同出行方式的速度参考，其数值在具体实验中可以根据居住区实际道路设计情况进行调整，便于计算不同交通方式出行量的瞬时分布及进一步判断道路拥堵状况。

表 5-2　不同出行方式默认速度设定

出行方式	速度设定
步行	5 km/h
非机动车	10 km/h
机动车	15 km/h

机动车搭乘比例：

机动车搭乘比例是指每辆机动车搭载的乘客数量，在 1～4 人/车内可调整，目的是在人数固定的情况下调整机动车搭乘比例，就可以调整机动车的数量，从而影响车流密度。步行和非机动车的搭乘比例已提前设定为 1。

出行方式比例：

出行方式比例，是指步行、非机动车和机动车在出行方式选择中所占的比例，每项出行方式比例可在 0～100％内调整，但总和为 100％，目的是在人数固定的情况下调整出行方式比例，查看不同情况下的居民出行状况。

道路断面：

设置道路断面目的是在机动车出行量固定的情况下调整断面宽度，查看道路拥堵情况。根据《城市居住区规划设计标准》(2018 年版)规定，居住街坊主要附属道路路面宽度不宜小于 4 m。结合实际情况，住区主要附属道路断面多为机非混行，以单幅路的形式为主，因此本实验模块将住区主要附属道路的路面宽度分为 4 m，5 m，7 m，9 m 四种类型(表 5-3)。

表 5-3　住区主干道道路断面特点

断面类型	宽度	断面特点	示意
断面Ⅰ	4 m	表示一条机动车道	
断面Ⅱ	5 m	表示一条机动车道和一条应急道	
断面Ⅲ	7 m	表示两条机动车道	
断面Ⅳ	9 m	表示三条机动车道	

时段划分：

根据实际情况设定不同时段的进出小区人数比例，将时段分为早高峰、晚高峰和平时(表 5-4)。

表 5-4　不同时段进出小区人数比例

时段划分	进/出人数设定	进出比例
早高峰	进：0.5 人/户　　出：1.5 人/户	1∶3
晚高峰	进：1.5 人/户　　出：0.5 人/户	3∶1
平　时	进：0.2 人/户　　出：0.2 人/户	1∶1

2）实验原理

本实验模块功能主要包括三部分：出行结构调整、交通仿真模拟和交通状况评价，如图 5-5 所示。

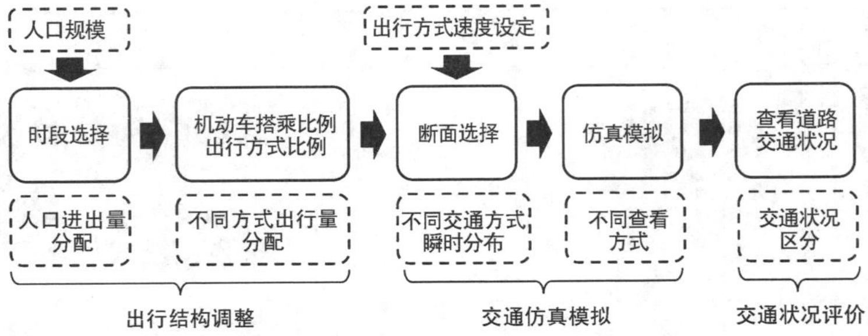

图 5-5　实验模块主要功能示意图

（图片来源：住区交通虚拟仿真实验使用说明）

出行结构调整是通过调整交通参数，用以界定特定状态下的居民出行特征，是进行交通仿真模拟的基础。交通仿真模拟是针对特定的一组交通参数模拟居民出行状况，从微观层面模拟车辆、行人和非机动车行为，再现特定出行结构下的出行状况。交通状况评价是通过查看仿真输出结果对居民出行状况进行客观评价，以及通过导航图模式区分道路拥堵状况，评价结果是作为对出行结构、住宅布局、道路设计等方面设计合理性评价的依据。三部分功能联系紧密，共同构成实验模块的主体。

整个实验模块对不同出行方式都进行了行为简化，按照预定的速度出行并且相互之间的距离保证在安全距离范围之内。在此基础上，通过随机产生交通发生点，然后对应分布运动轨迹，从而完成一切交通仿真前的准备。在仿真过程中，不同出行方式按照预定运动轨迹进行出行，而系统会进行出行单位统计，依据单位面积上出行单位的密度进行交通状况的划分。

总而言之,整个实验模块的主要运行流程为:参数设定运动轨迹分布开始动画显示运动状态统计输出仿真结果,如图 5-6 所示。

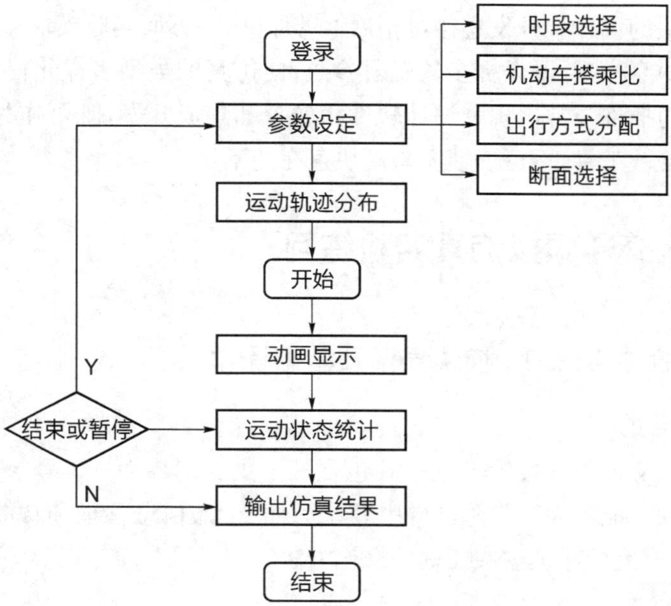

图 5-6　实验模块运行流程图

(图片来源:住区交通虚拟仿真实验使用说明)

5.1.3　住区交通虚拟仿真实验特点

本实验模块运用基本的交通流理论实现基本的交通仿真功能,具有直观性、可操作性、便捷性和拓展性的特点。

(1) 直观性

交通虚拟仿真具有直观性特点,一方面体现在所有参数信息与调整都一目了然,另一方面通过动态图像显示的方式描述机动车、行人与非机动车的运行状态,以及运用导航图的模式区分道路拥堵状况。其直观性的特点,便于使用者查看仿真输出结果以及当前状态下的交通参数。

(2) 可操作性

实验模块将可调参数信息分类列在操作界面上,通过鼠标点击和键盘输入即可调整参数和运行仿真系统,简单易操作。可操作性的特点也为实验模块的推广和应用奠定了基础。

(3) 便捷性

实验模块通过参数的调整即可实现不同条件下的住区交通运行状况,并且模块运行速度快,极大提高了模块使用的便捷性和效率。

(4) 拓展性

实验模块的设计和开发遵循可拓展性的原则,一方面实验模块可以继续深化,细化与丰富仿真模型,融合更多的交通参数,使仿真的类型多样化;另一方面实验模块可以作为插件与常用规划设计软件相融合和集成开发,既可作为设计方案的交通方面的检验工具,也可反馈实验模块存在的不足。

5.2 住区交通虚拟仿真实验练习

5.2.1 实验练习(一):模块界面及基础操作

1) 实验目的

虚拟住区交通仿真实验平台一共包含三个主要的界面——登录界面、个人信息管理界面和功能界面。熟悉软件中登录界面、个人信息管理和功能界面的基本功能,并且掌握鼠标和键盘快捷键的操作方法。

2) 模块界面

(1) 登录界面

登录网站 http://caup-tlab. tongji. edu. cn/VETC/,选择"在线实验",即显示虚拟住区交通仿真实验平台界面,如图 5-7 所示[1]。

图 5-7 虚拟住区交通仿真在线实验平台界面

(图片来源:实验平台截图)

进入平台后会发现存在两个登录链接："学生登录"和"教师登录"。其中"学生登录"是面向使用群体，根据任务要求对实验平台内容进行操作；"教师登录"是面向实验平台管理者，对实验内容、实验任务及实验查看等内容进行编辑。

由于本实验手册是面向普通使用群体，因此以"学生登录"为例。点击"学生登录"后，在登录界面输入用户名、密码和验证码信息，点击"登录"按钮完成登录操作。登录初始用户名为学号，初始密码默认为：000000，如图 5-8 所示。

图 5-8　虚拟住区交通仿真在线实验平台学生登录界面

（图片来源：实验平台截图）

（2）个人信息管理界面

初次登录后，实验平台登录界面会自动跳转至个人信息管理界面，要求完善并保存个人信息，如不完善将无法跳转至其他界面。个人信息管理界面一共包含四个功能选项，包括课程中心、我的课程、账号信息和修改密码。在此界面下，使用者需要完成完善个人信息、查看实验课程、修改密码等任务。如图 5-9 所示。

① 账号信息：点击"账号信息"即可进入相应界面，如图 5-10 所示，在此界面下可以需要对个人信息进行完善，其中带 * 号内容为必填。

② 课程中心：完善信息后，平台界面会自动跳转至"课程中心"。在"课程中心"可以查看课程信息，通过点击左侧导航栏显示的课程名称或者界面中的课程图

图 5-9　虚拟住区交通仿真在线实验平台个人信息管理界面

（图片来源：实验平台截图）

标，即进入到该课程的介绍详情页面，如图 5-10 所示。

图 5-10　虚拟住区交通仿真在线实验平台课程详情选择界面

（图片来源：实验平台截图）

③ 我的课程：点击“我的课程”，即可进入相应界面，主要显示当前正在学习中或已学习完成的课程信息，并可以查询到课程成绩及课程下相关任务的成绩信息，如图 5-11 所示。

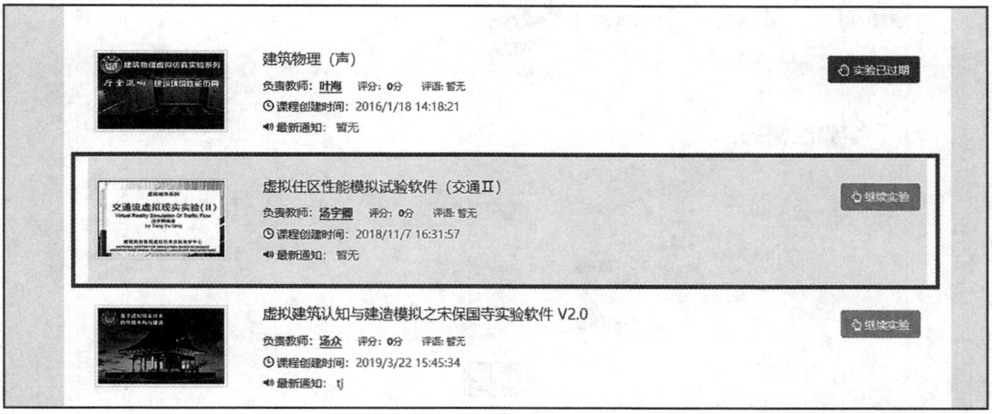

图 5-11 虚拟住区交通仿真在线实验平台我的课程界面

（图片来源：实验平台截图）

在“我的课程”界面中，可以选择“继续实验”和“查看成绩”。点击“继续实验”按钮，进入在线实验平台。点击“查看成绩”按钮，进入相应界面，主要显示课程的学习成绩及课程下相关任务的成绩信息，如图 5-12 所示。

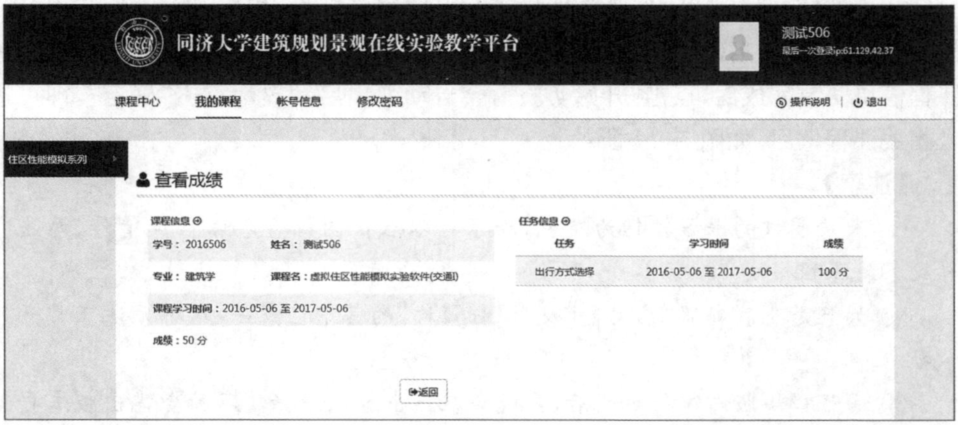

图 5-12 虚拟住区交通仿真在线实验平台查看成绩界面

（图片来源：实验平台截图）

【注意】

a. 如课程下所要求任务学习未完成，则可以点击右侧“继续实验”按钮，继续相关任务学习；

b. 如果整个课程学习已经全部完成，则右侧显示“学习完成”并且无法进行点击。

④ 密码修改：点击“修改密码”，进入相应界面，学生可以随时重置账号的登录密码，如图 5-13 所示。

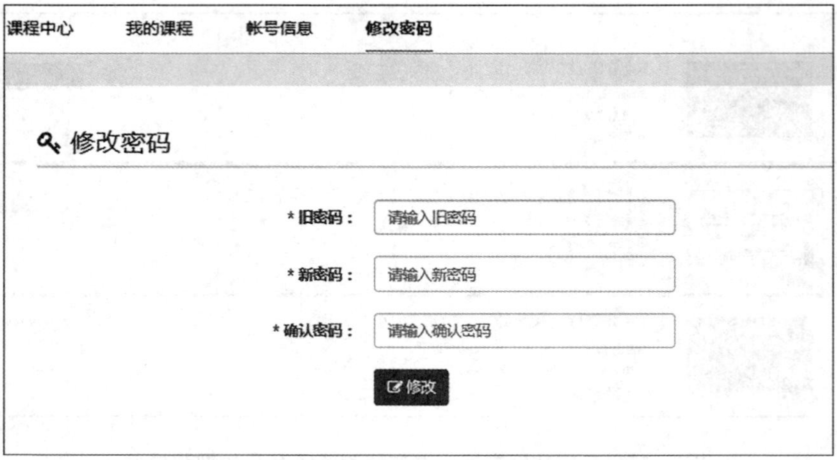

图 5-13 虚拟住区交通仿真在线实验平台密码修改界面

（图片来源：实验平台截图）

(3) 安装程序

在个人信息管理界面对个人信息进行修改完善之后，想要进行开始学习必须先点击下载安装“启动器”及“课程模块”，如图 5-14、图 5-15、图 5-16 所示。相关课程模块安装完成后，点击“开始实验”，会自动弹出启动提示点击“确定”，即可进入相关课程学习，如图 5-17 所示。

【注意】

① 未被授权的课程按钮为灰色，除了可以点击图标查看课程详情外，无法学习及下载课程模块。

② 如只是下载安装“启动器”及“课程模块”的其中任意一项，都无法正常开始学习。

③ 课程模块版本进行更新后，系统会在点击进入课程学习时会弹出版本更新提示框。

④ 启动器默认勾选，无需手动选择；勾选“记住链接操作”下次加载将不再跳出启动器勾选提示框。

图 5-14　下载安装启动器
（图片来源：实验平台截图）

图 5-15　下载课程模块
（图片来源：实验平台截图）

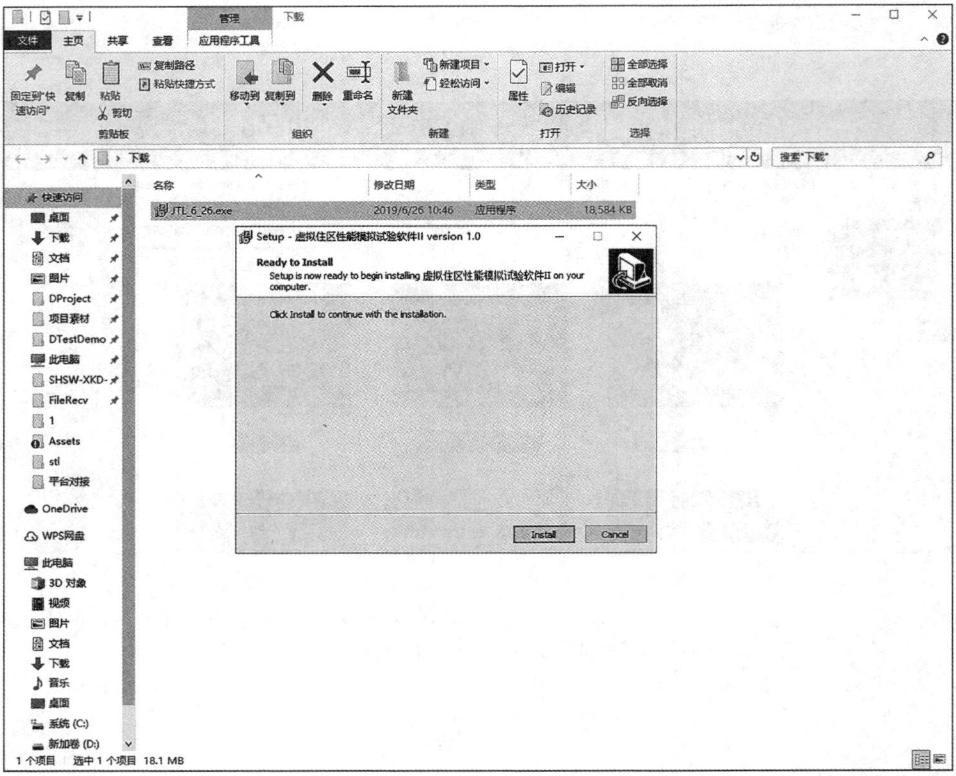

图 5-16　安装课程模块

（图片来源：实验平台截图）

图 5-17　进入课程实验

（图片来源：实验平台截图）

(4) 操作界面

在点击“开始实验”或“继续实验”后，进入实验模块，可以看到操作界面，如图 5-18 所示。界面上方为标题栏，左侧为菜单栏，右侧为状态栏，底部为资源下载链接与提交成果提交键。

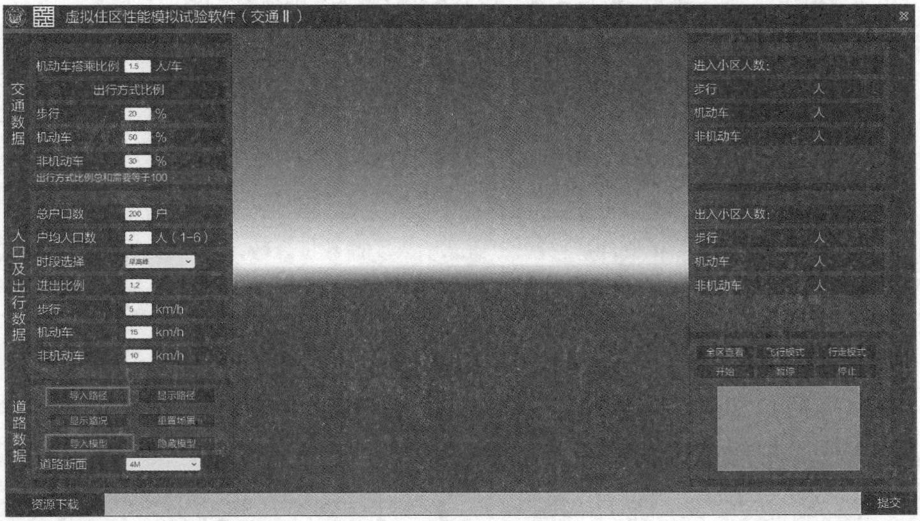

图 5-18　模块操作界面

(图片来源：实验平台截图)

① 标题栏：标题栏显示实验平台名称及版本号。

② 菜单栏：菜单栏是支持虚拟住区模型进行交通仿真的基础参数设置，主要包含交通数据、人口及出行数据、道路数据等选项，具体功能见表 5-5。

表 5-5　菜单栏选项

选　　项	主要功能
交通数据	调整机动车搭乘人数、出行方式比例等参数
人口及出行数据	主要是调整住区人口信息及出行方式参数
道路数据	导入道路与模型信息以及调整道路宽度

③ 状态栏：状态栏主要有两部分，一部分是对交通模拟的结果进行定量显示，另一部分是浏览操作按键与道路拥堵状况图，具体功能见表 5-6。

表 5-6 状态栏功能

名称	功能说明
进/出小区人数	定量显示采用不同交通方式进/出虚拟住区的人数
全区查看	是指从俯视的视角查看整个区域的交通模拟状况
飞行模式	是指从鸟瞰的视角查看整个区域的交通模拟状况
行走模式	是指模拟行人从不同视角查看整个区域的交通模拟状况
拥堵状况图	通过不同颜色显示道路的拥堵状况
开始	软件输入及设定的参数开始运行
暂停	当前选择交通数据参数下，暂停软件运行，可以相应调整时段及断面
停止	停止软件运行，可以重新输入交通数据参数，包括机动车搭乘比例、出行方式比例、道路断面、时段选择

(5) 资源下载

除了自行设计的方案模型外，系统还提供预制的 4 套模型与路线可供下载。单击“资源下载”按键，按照弹出的对话框信息下载预制资源模型，如图 5-19 所示。

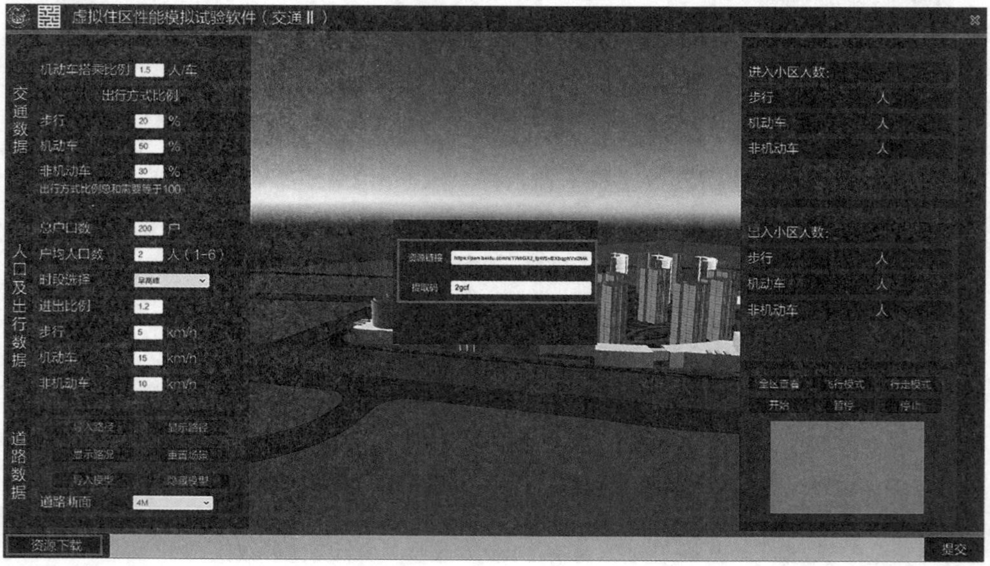

图 5-19 资源下载

(图片来源：实验平台截图)

(6) 提交

在实验完成之后，点击“提交”，即将交通模拟的成果提交至程序后台存储，如

图 5-20 所示。提交的内容主要包括三部分：一是当前模拟状态下的交通参数信息；二是显示交通拥堵状况的导航图；三是采用不同交通方式进/出虚拟住区的人数。

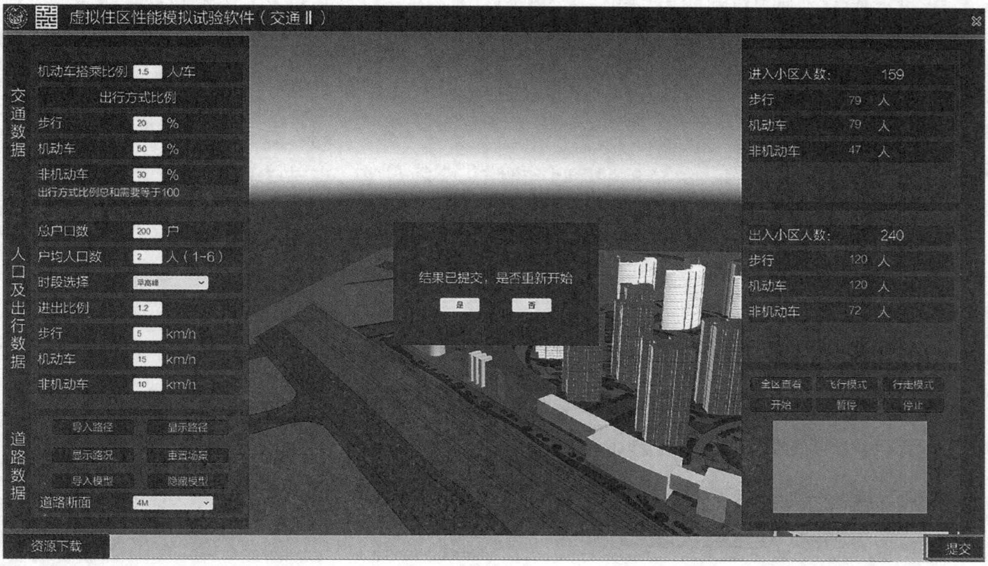

图 5-20　提交模拟成果

（图片来源：实验平台截图）

3）基础操作

针对实验模块的基础操作主要分为鼠标操作和键盘操作两种。

（1）鼠标操作

点击左键：

单击左键可以点选不同功能选项，如开始/暂停/结束、道路宽度等；此外，点击鼠标左键可以拖动显示区域。在“行走模式”查看交通模拟状况时，点击鼠标左键可以变换视角方向。

点击右键：

在采用“飞行模式”查看交通模拟状况时，点击鼠标右键可以改变观察方向。

操作滑轮/中键：

操作鼠标滑轮或鼠标中键，可以改变视点距离的远近，缩放显示区域的大小。

（2）键盘操作

键盘操作主要是针对部分功能选项输入相应要求的数值，包括机动车搭乘比例和不同出行方式比例。此外，在“行走模式”中，通过键盘“W”“A”“S”“D”四个键控制行走的方向，其中“W”表示向前，“A”表示向左，“S”表示向后，“D”表示向右。

4）实验练习

登录网站 http://caup-tlab. tongji. edu. cn/VETC/，以个人账户登录实验平台，在完善个人信息后，进入实验模块，完成以下操作：

首先，熟悉实验模块的界面，了解实验模块的各个功能选项，自由查看虚拟住区模型；

其次，利用模块预制的资源模型和默认参数信息，点击“开始”，运行交通仿真模拟，查看交通流状况，并进行提交，查看提交成果。

5.2.2 实验练习(二)：出行结构调整练习

1）实验目的

实验模块设置了虚拟住区内三种交通方式，即步行、非机动车和机动车。理解实验模块内相关参数信息之间的逻辑关系，通过设定三者出行之间的比例，考虑不同时段情景下的出行状况，对出行交通量之间进行数量推算得到整体的出行结构，为实现仿真模拟奠定理论基础。

该阶段实验操作主要涉及出行结构推算、交通参数修改和时段选择三项操作内容。具体实验步骤主要分为两步：一是出行结构的推算，通过修改交通参数与出行时段，推算住区出入交通量；二是结果验证，运行软件平台，检验结果。

2）不同方式出行量推算

出行结构的推算主要分为两步，第一步是进/出人口的计算，第二步是进行出行方式的分配计算。

(1) 进/出人口的计算

进/出人口的计算是进行出行方式分配的基础，主要是依据不同时段设定的进/出比例进行推算，具体公式如下：

$$出住区人数 = 总户数 \times 户均人数 \times 该时段出住区比例 \tag{5-1}$$

$$进住区总人数 = 总户数 \times 户均人数 \times 该时段进住区比例 \tag{5-2}$$

(2) 出行方式分配计算

出行方式分配计算是交通仿真模拟的前提条件，需要推算出住区道路上不同出行方式的交通量，具体公式如下：

$$搭乘机动车进(出)住区人数 = 进(出)住区总人数 \times 机动车出行比例 \tag{5-3}$$

$$\text{机动车进(出)住区人数}=\frac{\text{搭乘机动车进(出)住区人数}}{\text{机动车搭乘比例}} \tag{5-4}$$

$$\text{非机动车进(出)住区人数}=\text{进(出)住区总人数}\times\text{非机动车出行比例} \tag{5-5}$$

$$\text{步行进(出)住区的人数}=\text{进(出)住区总人数}\times\text{步行出行比例} \tag{5-6}$$

3）实验操作步骤

（1）导入数据模型

首先点击“导入路径”按键，选中后缀名为.dxf 格式的文件，点击打开，等待导入完成，如图 5-21 所示。

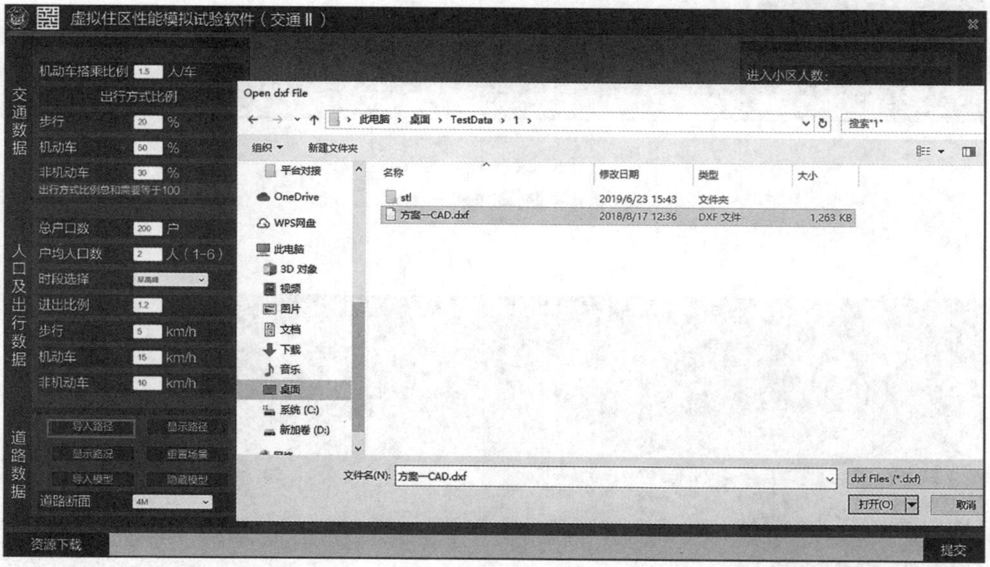

图 5-21　导入路径

（图片来源：实验平台截图）

然后点击“导入模型”导入模型文件，选中后缀名为.stl 格式的文件，点击打开等待导入完成，如图 5-22 所示。

重置场景按钮可重新开始，可重新导入新的路径与模型，进行新的模拟，如图 5-23 所示。

（2）交通数据修改

成功导入路径与模型后，修改交通数据的参数数值，鼠标左键点击横线处，并用键盘输入相应的数值。各项交通数据说明如表 5-7 所示。

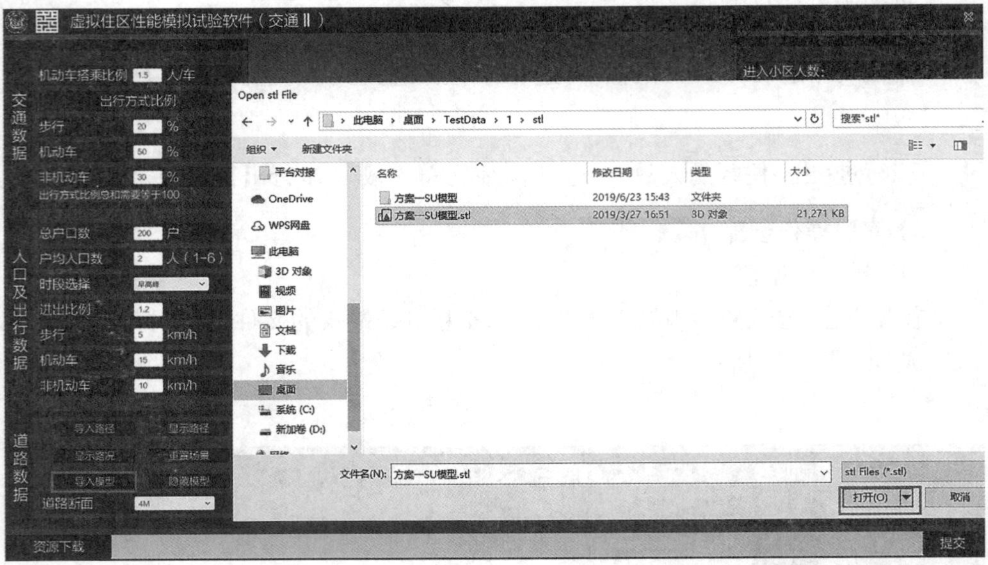

图 5-22　导入模型

（图片来源：实验平台截图）

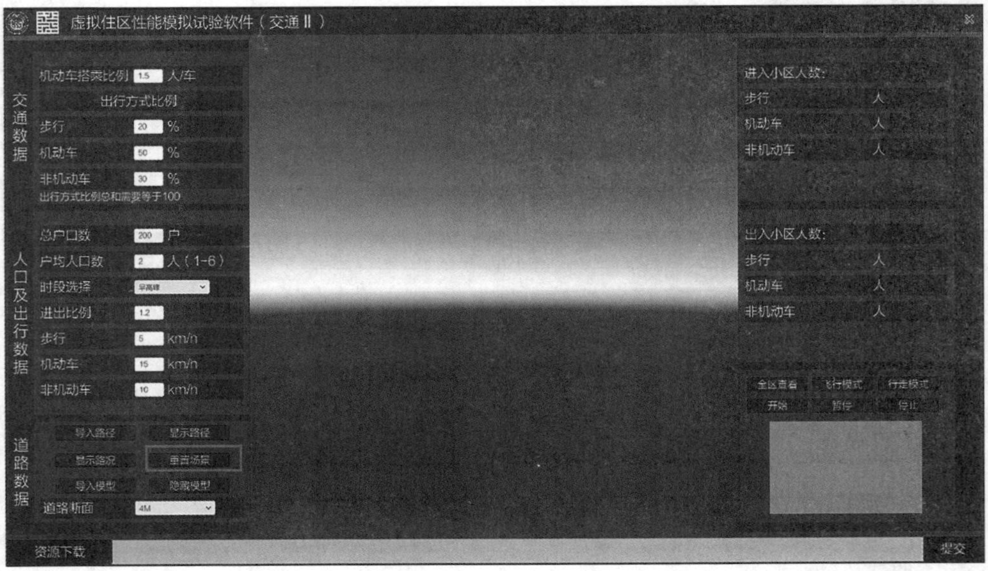

图 5-23　重置场景

（图片来源：实验平台截图）

表 5-7　各项交通参数说明

参数选项	说明
机动车搭乘比例	每辆机动车平均载人数量
出行方式比例	设置步行、机动车与非机动车的虚拟实验数据比例，需要注意的是，出行方式比例总和需要等于 100%
总户口数	设置住区户口总数
户均人口数	每户的人口数量，为 1～6 人可供选择
时段选择	可选择模拟时间段，进行早高峰、平时与晚高峰的状态下住区性能模拟
进出比例	出住区人数与进住区人数的比例
步行	设置步行人口行走速度
机动车	设置机动车的行驶速度
非机动车	设置非机动车的行驶速度
道路断面	设置住区的道路宽度，可选择 4 m，5 m，7 m，9 m

(3) 结果验证

选择与输入交通数据后，鼠标左键点击“开始”，即开始运行实验模块，可以查询输出结果。

(4) 重复操作

鼠标左键点击“停止”，结束实验模块运行，重新输入交通参数，重复上面操作。

4) 实验练习

登录网站 http://caup-tlab.tongji.edu.cn/VETC/，以个人账户登录实验平台，在完善个人信息后，进入实验模块，完成以下操作：

(1) 将所做居住区课程设计方案导入模块，假定该住区出行方式比例为：机动车出行占比 60%，非机动车出行占比 25%，步行出行占比 15%，试在此出行方式结构的条件下，自由组合多组不同时段和机动车搭乘比例的组合，完成住区不同出行方式交通量的推算。

(2) 自主选择当地某处住区，通过实地调研，获取住区在早高峰、平时和晚高峰三个时段的居民出行量与出行结构等相关数据。以此数据为基础，运用实验模块进行模拟，试图发现住区的出行状况是否存在问题，并结合数据分析其中的原因。

(3) 结合上述两个练习撰写实验报告，包括实验名称、实验内容和实验体悟。

5.2.3 实验练习(三)：交通仿真模拟练习

1）实验目的

根据实际住区的情况，实验模块提供了四种常见道路断面形式。在一定的出行结构的前提下，采用不同断面形式的道路进行交通仿真模拟。实验模块提供了三种查看模式，通过多种查看方式感受不同宽度道路条件下的交通状况，并结合导航图进行评价。

2）选择不同查看模式

本实验模块将交通模拟的查看模式分为全区查看、飞行模式和行走模式三种，在操作过程中应尝试多种方式感受交通状况。

（1）全区查看

“全区查看”模式是以俯视图的形式查看虚拟住区的交通状况，从整体查看住区的交通状况，鼠标滑轮可控制视角的远近，如图 5-24 所示。

图 5-24　以“全区查看”模式查看交通状况

（图片来源：实验平台截图）

（2）飞行模式

“飞行模式”是以鸟瞰的形式查看交通状况，如图 5-25 所示。具体操作：通过键盘“W”“A”“S”“D”键控制方向，“Q”“E”分别控制高度的上升与下降，鼠标左键可以拖动显示区域，鼠标右键可以改变观察方向，通过鼠标滑轮可以改变视点距离的远近。

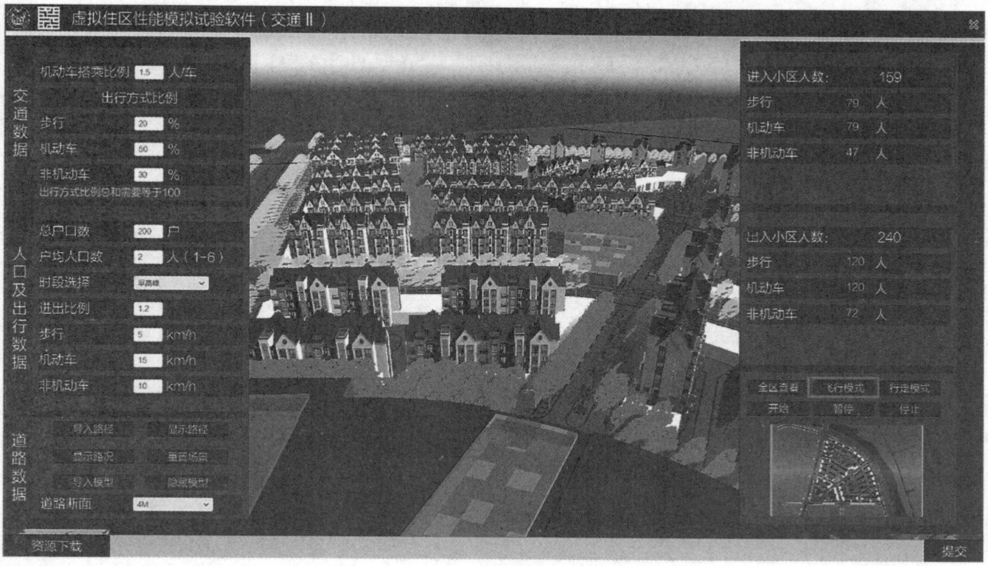

图 5-25　以"飞行模式"查看交通状况

（图片来源：实验平台截图）

(3) 行走模式

"行走模式"是以行人视角的形式查看交通状况，如图 5-26 所示。具体操作：鼠标左键可以变换视角方向，通过键盘"W""A""S""D"键可以控制行走的方向。

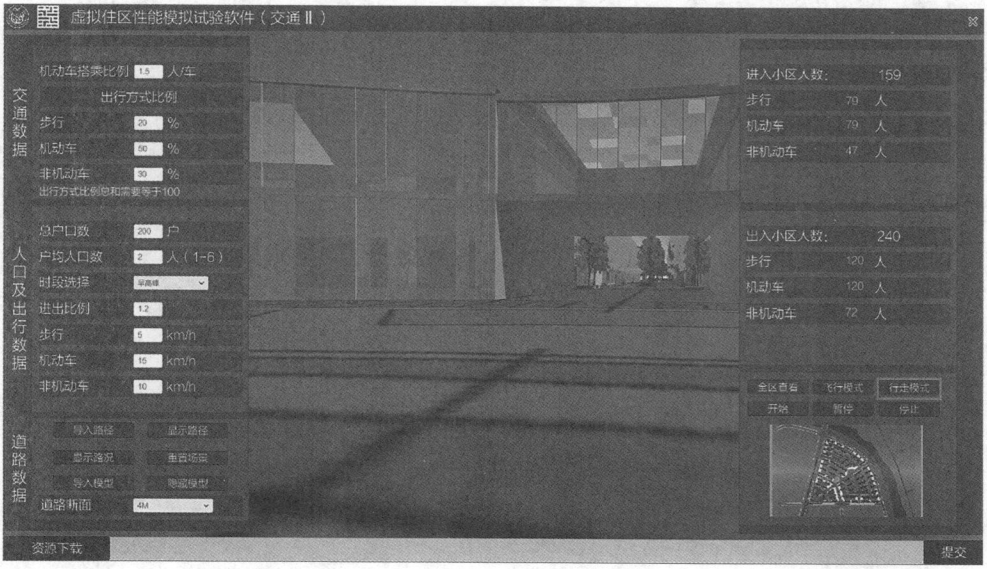

图 5-26　以"行走模式"查看交通状况

（图片来源：实验平台截图）

3）评价交通状况

在交通状况评价中通常采用车流密度的概念，但由于住区主干道的交通多为机非混行，路权模糊，因而本实验模块不采用车流密度评价指标，而是通过计算住区主干道单位面积里行人、非机动车以及机动车所占面积百分比来对交通拥堵状况进行评价。具体计算方式是依据表 5-8 中各种交通方式所占面积设定值，统计单位面积里各种交通方式总的数量，然后依据表 5-9 中的标准，将道路拥堵状况分为红色、绿色和黄色三个等级，并通过导航图的形式表现出来，如图 5-27 所示。其中红色表示非常不畅通，黄色表示不畅通，绿色表示畅通。

表 5-8　设定各种交通方式所占面积

交通方式	所占面积	设定值
步行	$0.6\times0.6=0.36\ m^2$	1
非机动车	$1.93\times0.6=1.158\ m^2$	3(相当于 3 个行人面积)
机动车	$4.8\times1.8=8.64\ m^2$	20(相当于 20 个行人面积)

表 5-9　评价道路拥堵状况标准

评价标准	道路拥堵状况分级
当单位面积总数量≤1 时	该区域在导航图上显示为绿色
1＜单位面积总数量＜1.5 时	该区域在导航图上显示为黄色
当单位面积总数量≥1.5 时	该区域在当行图上显示为红色

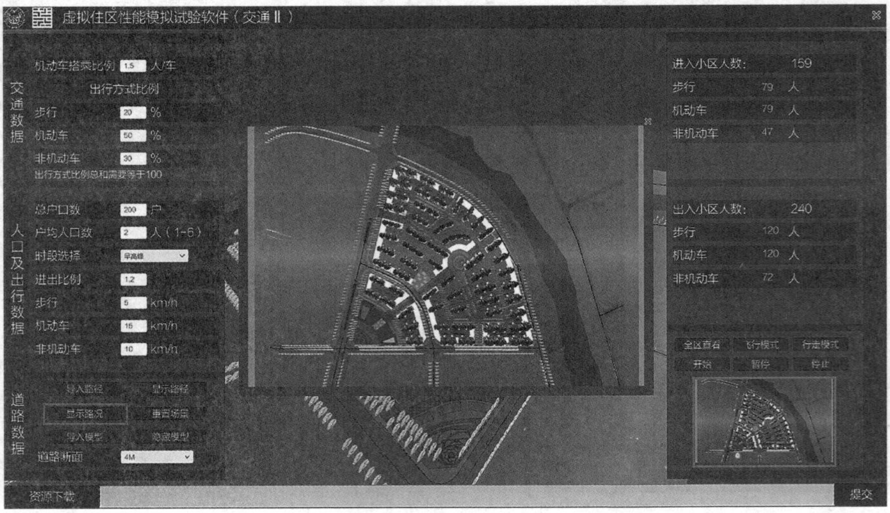

图 5-27　导航图显示道路拥堵状况

（图片来源：实验平台截图）

4）实验操作步骤

（1）多模式查看交通状况

启动实验模块后，选定一组交通参数值，包括机动车搭乘系数、出行比例、时段选择和道路断面。点击“开始”进行交通仿真模拟，并分别通过全区查看、飞行模式和行走模式感受交通状况。

（2）查看交通拥堵状况评价

查看导航图中不同路段的拥堵状况，判断其中是否有拥堵状况。若存在拥堵状况，鼠标左键点击“暂停”，更改时段与断面，再点击“开始”重新进行交通仿真模拟，重新查看交通状况与对交通拥堵的评价。

（3）重复操作

鼠标左键点击“停止”，调整之前设定的交通数据，重复之前的操作。

5）实验练习

登录网站 http://caup-tlab. tongji. edu. cn/VETC/，以个人账户登录实验平台，在完善个人信息后，进入实验模块，完成以下操作：

（1）假定某住区居民出行完全依赖机动车，即机动车出行占比为 100%，试在此条件下，尝试是否可以模拟出机动车搭乘比例和断面选择的组合，以保证住区主干道的畅通。

（2）假定某住区出行方式比例为：机动车出行占比 60%，非机动车出行占比 25%，步行出行占比 15%，机动车搭乘比例为 1.5 人/车，试在此出行方式结构与机动车搭乘比例的条件下，尝试模拟出不同时段与断面的组合，以保证住区主干道的畅通。

（3）根据居住区课程设计方案，结合调研结果与设计方法，估算住区在早高峰、平时和晚高峰三个时段的居民出行量、出行结构、道路断面宽度等相关数据。以此数据为基础，运用实验模块进行模拟。从经济、出行畅通等角度，试图发现住区在道路断面设计方面是否存在问题，并分析其中的原因。

（4）结合上述三个练习撰写实验报告，包括实验名称、实验内容和实验体悟。

5.2.4　实验练习（四）：综合练习

1）实验目的

在掌握实验模块的各项基本操作之后，充分运用实验模块内各项功能，按照一定要求输出仿真结果，并对输出结果进行合理分析，以确定最优的参数组合，作为居住区设计作业交通改善的依据。

2）基本练习回顾

模块界面及基础操作、出行结构调整和交通仿真模拟这三项基本练习

(图 5-28),让使用者对模块的各项功能已经有初步的了解。模块界面及基础操作介绍了模块的信息管理、功能集合及基础操作。出行结构调整练习是设定住区交通相关的出行参数,这是进行交通仿真模拟的基础。交通仿真模拟是模拟特定出行结构下的住区交通状况,通过不同视角查看交通状况,并进行评价。

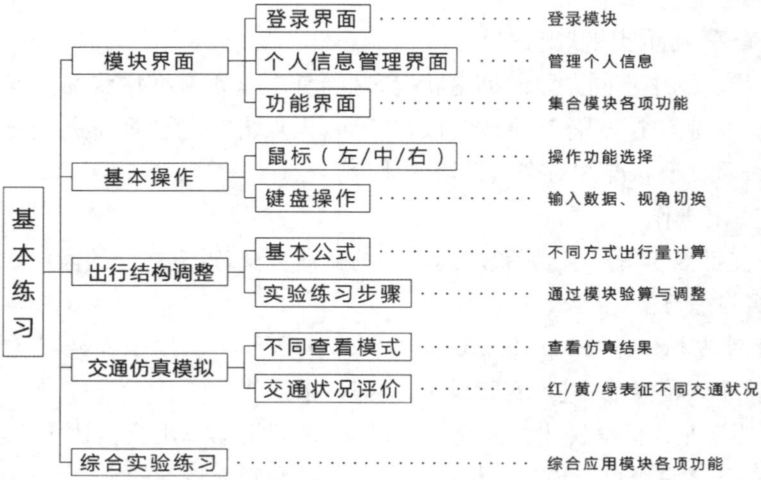

图 5-28　住区交通仿真实验基本练习回顾

(图片来源:住区交通虚拟仿真实验使用说明)

3) 实验练习

登录网站 http://caup-tlab. tongji. edu. cn/VETC/,以个人账户登录实验平台,在完善个人信息后,进入实验模块,完成以下任务。

(1) 实验任务要求

以预制模型的方案一为基础,根据实际情况,我们假定:该住区内在高峰时期采用机动车出行的人数达到 2 000～2 500 人,占比达到 55%～72%是主要的出行方式;采用非机动车出行的人数相对较少,其中采用非机动车人数相对较多,占比达到 24%～26%;采用步行出行的比例达到 5%～10%。根据以上情况,我们假定一组出行数据:在某时间段内,假定搭乘机动车出住区的人数为 2 072 人,且进入住区的机动车为 276 辆,进入住区的非机动车为 299 辆。请模拟出该条件下的出行状态,通过调整道路断面、选取不同查看模式,对住区交通进行模拟,选择最优的断面宽度,提交最终参数信息。

(2) 具体实验步骤

① 根据出行量的要求进行时段推算;

② 根据出行方式分配量进行出行方式比例等参数的推算;

③ 选择不同断面进行交通模拟，查看拥堵状况；

④ 根据拥堵状况等其他因素，判断最优断面，并提交最终参数信息。

(3) 成果提交

① 根据任务要求，在实验平台提交最终实验成果；

② 撰写实验报告，包括实验名称、实验内容、实验过程和实验体会，包含主要过程截图和成果截图。

5.3 常见问题及解决方法

5.3.1 哪里有样例模型(Sketchup)和样例道路文件(.dwg)

软件自带 4 套样例，下载链接 https://pan. baidu. com/s/10ISLRcZc7Zo6-zqpjdyjLA

5.3.2 导入模型后机器非常卡怎么办

3D 模型对机器性能是要求的，建议显卡在 GTX 980 以上。如果机器实在运行不了 3D 模型，可以将 3D 模型隐藏，如图 5-29 所示，隐藏 3D 模型对道路交通拥挤模拟不影响。

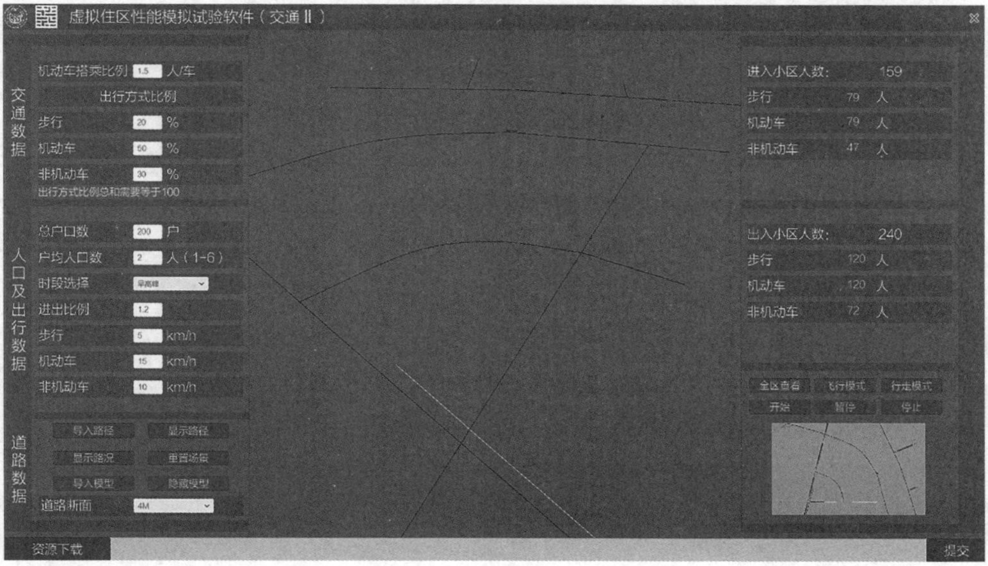

图 5-29　隐藏模型的效果

(图片来源:实验平台截图)

5.4 本章小结

本次住区交通虚拟仿真实验主要是用于模拟住区内交通出行状况，用以反馈住区在住宅布局、道路设计等方面的问题。由于实验模块对接网络平台运行的需求，实验模块在开发过程中力求简化操作过程，加快运行速度。本次住区交通虚拟仿真实验预先设定住区模型，经过出行结构调整、交通仿真模拟和交通状况评价三步获取对住区交通状况的评价，具备直观便捷、操作简便并且可拓展延伸的特点。

同时，围绕模块的主要功能，我们也设计了实验练习，便于使用者能更好地了解和运用实验模块。实验练习(一)是了解实验模块的界面，并掌握实验模块的操作使用方法；实验练习(二)是进行出行结构的调整，主要是进行出行量的推算、出行方式比例的调整、出行时段选择等；实验练习(三)是进行交通仿真模拟练习，在实验练习(二)的基础上开始仿真模拟，可以通过不同方式进行查看，并对仿真结果进行查阅和分析；实验练习(四)是综合之前的练习，自主设定不同出行场景进行出行模拟。四项实验练习既分步讲解实验模块的构成，又同时满足综合运用，从而实现实验模块得到更好地推广和运用。

参考文献

[1] 虚拟住区性能模拟实验软件(交通Ⅱ)操作说明书[Z]. 上海：同济大学国家级建筑规划景观虚拟仿真实验教学中心、上海殊未信息科技有限公司，2019-7.

第 6 章　住区交通流理论和虚拟仿真展望

6.1　住区交通虚拟仿真实验阶段总结

6.1.1　理论指导实验模块

本次住区交通仿真实验模块设计与研发，一方面依靠住区交通流理论的支撑，另一方面得益于当下成熟的交通仿真软件的开发经验。

住区作为城市独立的功能单元，交通出行是居民日常生活的必要环节，自然离不开住区的道路交通组织模式。住区的道路交通组织模式与住区用地规模、建设强度、交通方式和区位等因素密切相关，这也指导了本次住区虚拟仿真实验模块的功能设计。考虑到本次实验模块内预设住区模型的道路构成特点，选择住区主干路作为模拟的重点对象，以居住户数表示住区规模，同时通过调整出行结构数据来表征住区内不同交通方式占比等。而要实现交通模拟离不开传统的交通"四阶段法"，依据"出行产生—出行分布—出行方式划分—网络分配"四步进行交通仿真模拟。交通理论的发展与成熟为住区交通虚拟仿真实验模块的建设奠定了基础，铺平了道路。

当下成熟的交通仿真软件主要分为宏观、中观和微观三种类型，而本次住区虚拟仿真实验模块主要借鉴宏观和中观交通仿真软件的开发经验，主要体现在界面设计、交通模型、运算过程和输出结果等方面。

6.1.2　与教学实践相辅相成

住区交通虚拟仿真实验模块的研发最终是服务于教学实践，也应当与教学实验相呼应。因此，扎实的教学课程基础与开放的课程设计为住区交通虚拟仿真实验模块的应用打下基础。

（1）扎实的教学课程基础

本次住区交通流虚拟仿真实验是建立在城乡规划专业本科三年级专业基础课和设计课的基础上：专业基础课——城市道路与交通规划（上）和设计课——居住区规划设计。两门课程在时间上是同时进行，并且二者存在极强的联系。

城市道路与交通规划(上)课程主要以道路设计和交通流调查分析为主,目前基本采用课堂讲授、学生调研和设计实践相结合的方式。课堂讲授包括以下内容:行人和车辆基本知识、城市道路交通基本知识、城市道路平面线形规划设计、城市道路纵断面线形规划设计、城市道路横断面规划设计、道路线形综合设计、道路交叉口规划设计、城市道路路面基本知识、桥梁及隧道等。除了课堂授课,教师还带领学生进行相关调研和评析,包括步行场地调研和评析、停车场库调研和评析、路段流量调研和评析及交叉口流量调研和评析。

居住区规划设计属于城市规划设计(A)课程,是城市规划专业学生较早接触的设计课程。居住区规划设计主要以案例调研、建筑布局、步行场地、停车场库、道路路段、交叉口、景观的设计等内容为主,让学生了解居住区规划设计的主要内容及过程。

以上两门课程在多年的教学过程中不断更新课程内容,让规划系学生们了解到基本的规划理论知识以及居住区规划设计内容,但是在教学过程中仍存在无法运用理论知识和评估设计效果的问题。一名规划系大三学生曾困惑道:"设计课无法运用到理论课的知识。"虽然可以用理论知识解释设计的原理,但是设计的效果如何,光凭图纸上的评述还是不够的。因而,交通流虚拟仿真实验为课程的深化和改革提供了新的发展方向。

(2) 开放的课程设计

目前无论是理论教学还是设计教学,我们都坚持多样化的教学模式,增加更多的课时进行实地调研、互动讨论、汇报交流等环节,提高教学过程中的趣味性。将住区交通虚拟仿真实验引入课程教学中,学生就可以结合理论知识,通过在线实验方式,在交通系统方面进行仿真模拟,从而获得在道路设计和交通规划方面的体悟,由此可以反过来优化自身的方案。随着实验模块的不断深化和发展,从 2.0 版本开始,学生可以将自己的设计方案导入实验模块中,以检验方案在交通方面是否存在问题。通过设计与实验间不断反馈,整个过程利于培养出学生的独立研究和自我反馈的能力。

在未来的课程教学中,住区交通流虚拟仿真实验将融入学生调研设计板块中:一方面让学生熟练运用相关交通流理论;另一方面结合其他调研内容,将实际调研数据作为参数输入实验模块进行仿真模拟,利于学生回顾调研状况和发现其中的问题。随着实验模块进一步的发展,其将作为居住区设计成果交通检验的重要工具,也将成为设计课程中的重要内容。

总而言之,学生通过仿真实验,将会减少课内学时,更加深对本课程的理解和兴趣。

6.2 住区交通虚拟仿真实验阶段不足

本次仿真实验模块尚处于初级阶段的开发，基本达到了初识交通仿真和直观感受交通状况的目的，但仍有不足之处，尚需不断地丰富和发展。主要需改进的有以下三个方面。

6.2.1 道路结构呈枝状，出行轨迹相对固定单一

本次仿真实验模块的出行单位包含行人、非机动车和机动车三种，在实验模块设计中，出行单位在道路上行为规则仅为避免碰撞。而在实际生活中，三类出行单位间是存在相互干扰的，而这种干扰会带来车辆的跟驰行为、速度改变、路径优化选择等问题。本实验模块考虑的出行单位行为较为简单，线路行驶轨迹较为固定，这些能相对准确地刻画住区等部分单位的出行行为，但是如商业中心区等更复杂区域的出行行为和城市中心区等更大区域出行的出行特征的虚拟仿真，需要在此基础上进行调整和完善。

6.2.2 固定参数较多，灵活调整的参数相对有限

本次仿真实验模块的参数分为固定参数和可调参数两类，其中固定参数包括总户数、不同出行方式速度以及不同时段进出住区比例。固定参数较多，尤其进出住区比例固定，在一定程度上限定了不同出行方式的行为轨迹和交通量大小，比如线路轨迹固定，出行时间也固定，降低了仿真的真实性。

另外，可调参数的调整幅度或内容有限。以道路断面为例，本次仿真实验模块只是提供了四种不同宽度的断面，对于断面的形式没有进一步划分，随着模块的升级，将可以自主调整道路宽度。

6.2.3 适应平原住区，山地住区需要进行相应调整

山地住区不同道路由于坡度因素，机动车和行人在不同道路上的行进速度有所变化，需要对模型进行调整，有些山地住区没有非机动车，需要排除这些因素。因此，目前在2.0版的基础上研究坡度等因素，开展适合于山地住区的3.0版本。

6.3 未来展望

虽然模块在现阶段的开发存在多方面的不足，但是经过长期的建设和研究，我们在交通仿真这方面也积累了一定的经验，仍具有很大的发展空间。

6.3.1 理论指导实验,实验反馈设计

住区交通虚拟仿真实验模块离不开住区交通流理论的指导,同时也将对住区交通组织模式进行评判与反馈,从而得到适应于时代发展的最优的住区交通系统,二者共同发展,服务于住区交通的完善和提升。

通过对实验模块的研究,可以从另外一个视角总结归纳得出不同住区交通组织模式的特点,并对其进行评判。一方面,对不同住区交通组织模式进行评判;另一方面,可以衍生出新的住区交通组织模式,以适应时代的发展,从而使实验模块可以处理更多类型、更复杂的住区交通出行,使实验模块的功能更丰富、适用性更强。

6.3.2 自主导入模型,模型场景多元化

在实现自主导入模型的基础上,将会进一步丰富模拟场景,需要进行场景的编辑,从简单的建筑的选取到旋转、缩放等功能都需要从底层进行编码设计支持,并且不能延缓整个模块的运行速度。此外,现阶段的仿真实验只是针对住区主要道路,在此基础上,模块将会继续添加场地仿真模拟、停车场仿真模拟、慢行系统仿真等不同场景的模拟,从而对住区出行状况的模拟更加全面和真实。

6.3.3 模拟出行行为,自定义轨迹线路

如何将不同出行单位的交通行为细致化和轨迹线路最优化,是让交通仿真模拟更贴近现实生活的重点。在目前的交通研究中,通过参数定义交通行为和轨迹线路是常用的做法。因此,实验模块应该在出行路径自定义的基础上开放部分交通参数,让行人、非机动车和机动车更加贴近现实地进行移动,提高仿真效果的真实程度和细节描述。研究并运用不同交通模型,如交通发生模型、交通行为模型、路径选择模型等,将交通仿真的出行行为和行为轨迹线路合理化、丰富化。

6.3.4 仿真结果多样,丰富实验任务

当前实验模块对于仿真结果的表达包含动画查看、出行数据、交通状况判断,随着模块出行路径自定义编辑功能的实现,实验模块的仿真结果的表达也应该更丰富,如出行时间曲线、出行速度曲线、车辆轨迹等。模块建设将在新添加的功能基础上,丰富实验任务,设置不同情景进行交通仿真,以引导使用者更具针对性地进行交通仿真模拟,使设计的内容得到很好的反馈。

6.3.5　开放实验端口,对接规划软件

仿真实验模块目前服务于规划设计教学领域,与常规规划软件结合使用,因而与规划类软件一体开发也将成为必然。在仿真实验模块功能开发完整的基础上,可以考虑将仿真实验模块作为插件融入规划软件中,直接在规划类软件中评估设计方案交通系统的优劣,并进行调整、修改和完善,直至满意,从而达到了辅助设计的目的,这就极大提高了实验模块的使用频率。另外,除了常规规划软件,仿真实验模块也将融合虚拟现实技术(VR),进一步提高仿真的真实度与感知度,对于规划设计、方案汇报、评价和确定不无裨益。

6.3.6　需要与时俱进,考虑多元因素

未来住区交通模式将呈现多元化的状态,如无人驾驶、机器人配送等,这些在雄安新区拟先行先试,这将极大改变住区交通流的组织模式,进而需要据此开展面向未来的交通流虚拟仿真。当然,随着时代的发展,新的交通组织模式也会随之形成和产生,需要将新的问题不断纳入,交通流虚拟仿真也需要不断更新和提升。

6.4　本章小结

本次住区交通虚拟仿真实验模块的研发设计是建立在住区交通理论与教学实践的基础上,融合计算机技术完成的。目前,实验模块已运用到教学实践中,使同学们对交通仿真有了初步的了解和认识,并能对自己的方案进行仿真实验,以此作为优化和完善方案的基础。但目前实验模块在功能设计和适用性方面,仅较适合于交通流组织相对简单的住区,因此在下一步的发展中,实验模块将会继续在理论与教学实践的指导下,融入更多样的功能设计,如自定义区块功能、出行轨迹、丰富实验输出结果及对接规划软件等。